Abbeville

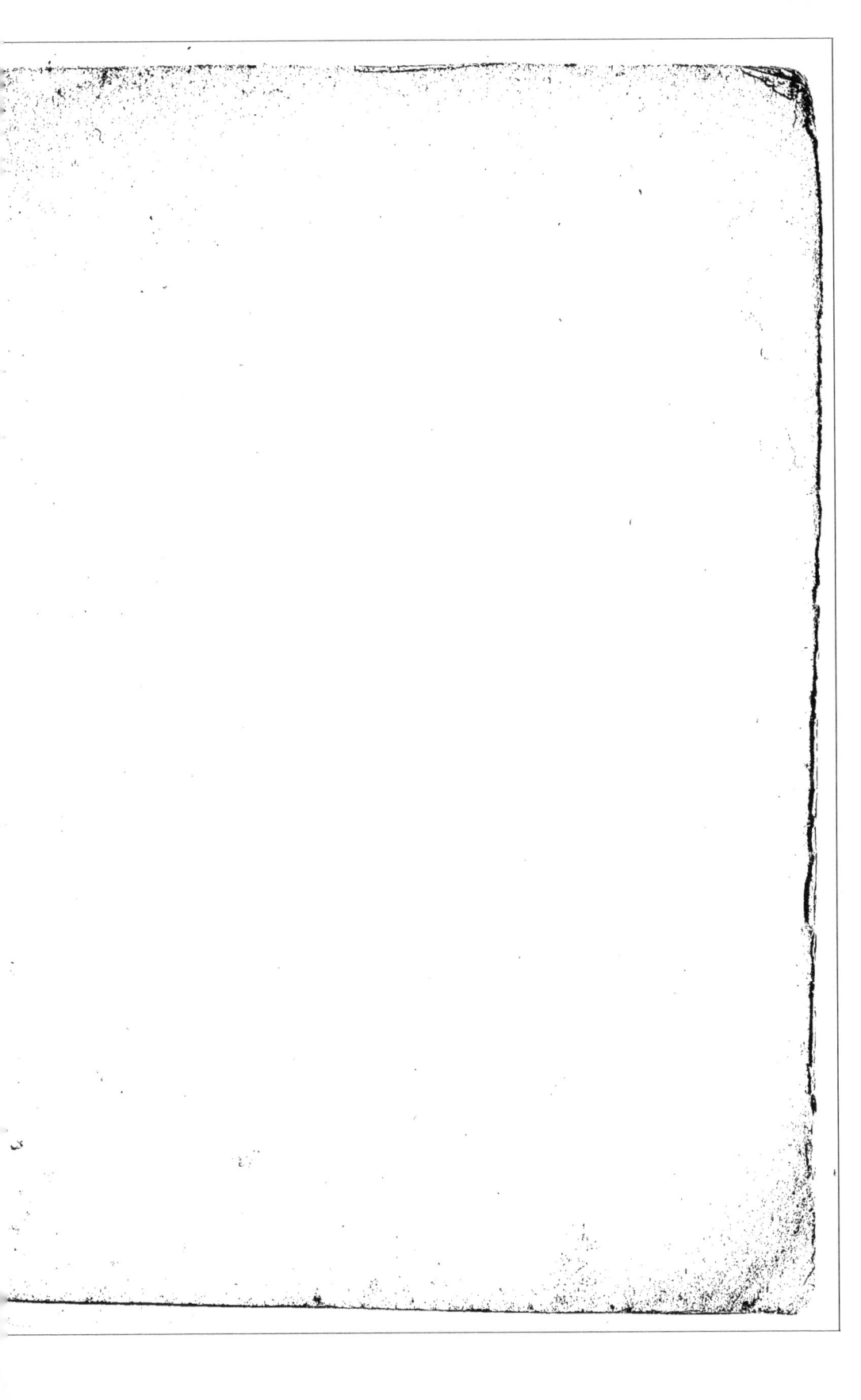

STATUTS

ET
REGLEMENS

DES MARCHANDS MERCIERS-
Grossiers, Joüailliers, Quincailliers, Epiciers,
Apotiquaires Droguistes, Ciriers & Chandeliers
de la Ville d'Abbeville, du 4 Janvier 1712.

LETTRES PATENTES DU ROY LOUIS XIV.
d'approbation, confirmation & omologation d'iceux,
données à Marly au mois d'Avril de la même année
1712.

ET ARREST D'ENREGISTREMENT
desdits Statuts & Lettres Patentes, fait au Greffe
de la Cour de Parlement à Paris, du 9. Juin 1714.

*Le tout pareillement enregistré aux Greffes des Mairie de ladite
Ville d'Abbeville, & Sénéchaussée de Ponthieu, les 2.
& 5. Juillet de ladite année 1714.*

A PARIS,

De l'Imprimerie de J. QUILLAU, Imp. Juré Lib.
de l'Université, rue Galande.

M. DCCXVII.

STATUTS

ET

REGLEMENS

DES MARCHANDS MERCIERS-GROSSIERS, Joüailliers, Quincailliers, Epiciers, Apotiquaires Droguistes, Ciriers & Chandeliers de la Ville d'Abbeville du 4 Janvier 1712.

LETTRES PATENTES DU ROY LOUIS XIV. d'approbation, confirmation & omologation d'iceux données à Marly au mois d'Avril de la même année 1712. Et Arrest d'enregiftrement defdits Statuts & Lettres Patentes fait au Greffe de la Cour de Parlement à Paris du 9 Juin 1714. Le tout pareillement enregiftré aux Greffes des Mairie de ladite Ville d'Abbeville, & Sénéchauffée de Ponthieu les 2 & 5 Juillet de ladite année 1714.

I.

PREMIEREMENT, que lefdits Marchands Merciers, Groffilers, Joüailliers, Quincailliers, Epiciers, Apotiquaires, Droguiftes, Ciriers & Chandeliers, font & demeureront à l'avenir, comme ils ont été par le paffé, unis & incorporez en un feul & même Corps de Communauté, & régis fous mêmes Loix, Statuts & Ordonnance, fous une même Banniere & Enfeigne, & par mêmes

A

Majeurs de Banniere , & Gardes qui feront par eux élûs en la forme & maniere cy-après déclarée, fans qu'à l'avenir ils fe puiffent feparer pour quelque caufe & occafion que ce foit.

I I.

POUR le bien & utilité duquel Corps & Communauté, direction & adminiftration des affaires d'icelle, entretenement & exécution defdits Statuts, de quatre Majeurs de Banniere , & quatre Gardes, defquels Gardes il en fera tous les ans nommé un Apotiquaire , & les autres, Merciers, Grof- fiers, Joüailliers, Quincailliers, Epiciers, Droguiftes ou Ci- riers, qui auront tous égal & pareil pouvoir , & feront lefdits Majeurs de Banniere & Gardes élus par chacun an le 23 Août veille de la Fête de faint Barthelemi , pardevant les fieurs Maire & Echevins & Procureur du Roy de la Ville , en la ma- niere accoutumée, & comme il s'eft toûjours obfervé fuivant les Privileges de ladite Ville.

I I I.

LESQUELS Majeurs de Banniere & Gardes feront élûs & choifis gens de probité & experience, à l'élection & nomi- nation defquels affifteront & feront appellez tous les Mar- chands Merciers , Joüailliers, Quincailliers, Epiciers, Apo- tiquaires , & Ciriers de ladite Ville & Faubourgs d'Abbe- ville ; lefquels feront tenus de fe trouver ledit jour 23e Août veille de faint Barthelemi, dans l'Hotel commun de ladite Ville, fur peine de trente fols d'amende pour les abfens & dé- faillans , fi non en cas de maladie ou autre legitime empêche- ment, pardevant lefdits fieurs Maire & Echevins & Procu- reur du Roy ; & là après ferment de bien & fidelement pro- ceder à ladite élection & nomination, feront élûs quatre Ma- jeurs de Banniere dont il y en aura toûjours un au moins qui auraété Batonnier, Syndic ou ancien Majeur de Banniere. Enfuite feront nommez les quatre Gardes, l'un defquels fera pris tous les ans entre les Apotiquaires : & feront tenus lef- dits Majeurs de Banniere & Gardes , prêter ferment parde- vant lefdits fieurs Maire & Echevins, de bien & fidellement faire & exercer lefdites Charges de Majeur de Banniere & Gardes pendant un an , proceder exactement & en leur con- fcience aux vifites tant generales que particulieres , & de

tenir la main à l'entretenement & execution defdits Statuts
& Ordonnances.

IV.

A u c u n s defdits Marchands ne pourront être nommez
Majeurs de Banniere , qu'ils n'ayent auparavant exercé la
Charge de Garde. Lefquels Majeurs de Banniere feront
maintenus dans leurs droits d'élire & nommer tous les ans le
jour de la S. Barthelemi les Maire & Echevins & autres Officiers de ladite Ville en la maniere ordinaire & autres Privileges de ladite Ville.

V.

S e r o n t lefdits Majeurs de Banniere & Gardes , tenus
de proceder aux vifites generales au moins quatre fois par
chacun an fur tous les Marchands Merciers , Groffiers ,
Joüailliers , Quincailliers , Epiciers , Apotiquaires , Ciriers
& Chandeliers , demeurant en ladite Ville, Faubourgs &
Banlieue d'icelle ; pourquoi fera payé par chacun Marchand
pour leur droit de vifite deux fols chaque vifite.

V I.

E n procedant aufdites vifites generales , lefdits Gardes
& Majeurs de Banniere, procederont auffi à la vifite & refor-
mation des poids, balances & mefures , fur tous les Maîtres
dépendans de leur Corps, tant de la Ville que Faubourgs &
Banlieue d'Abbeville,vendans au poids & à la mefure , & s'ils
y trouvent aucune fraude , fauffetez ou malverfations,les faifies ou raports en feront faits par eux pardevant lefdits fieurs
Maire & Echevins en la maniere.

V I I.

O u t r e lefdites vifites generales, lefdits Majeurs de Banniere & Gardes de ladite Communauté en pourront faire de
particulieres , tant dans la Ville que Faubourgs & Banlieue
de ladite Ville, des aulnes, poids & mefures, & marchandifes
chez les Maîtres dépendans dudit Corps feulement ; fauf en
cas de vifite extraordinaire des marchandifes appartenantes
aux Marchands Forains & Etrangers, & autres Privilegiez &
non Privilegiez,même ceux qui fuivent nôtre Cour, à en re-
querir la permiffion defdits fieurs Maire & Echevins , pour
empêcher qu'il ne foit vendu ou acheté aucunes marchan-

difes à faux poids & mefure, qu'elles ne foient bonnes & loyal-
les, des longueur & largeur qu'elles doivent porter fuivant
les Reglemens , & qu'il ne foit fait aucune entreprife fur leur
état ; & à cet effet fe pourront faire affifter, fi befoin eft, d'un
Echevin ou autre Officier de l'Hôtel de Ville, pour faire faire ouverture des chambres , armoires, coffres & autres lieux
où il fe pourroit trouver des marchandifes cachées en fraude,
les faire faifir, tranfporter, & dépofer entre les mains de perfonnes folvables pour en répondre, ou procéder par voye de
fcellé, & de tout en être dreffé des procès verbaux, lefquels
feront raportez pardevant lefdits fieurs Maire & Echevins.

VIII.

ET parceque lefdits Marchands Merciers , Groffiers,
Joüailliers, Quincailliers, Epiciers , & autres ne font aucuns
ouvrages ou manufactures, finon les parures, enrichiffemens
& enjolivemens de leurs marchandifes que nous leur avons
permis & permettons faire avec cheville & par forces, ci-
zeaux, baffons, éguilles & autres outils à ce neceffaires. Nous
défendons aux Maîtres & Gardes des autres états & métiers
de nôtredite Ville d'Abbeville, faire aucunes vifites fur lefd.
Marchands Merciers, & autres de ladite Communauté tenans boutiques, bancs ou échopes des marchandifes ouvra-
gées ou manufacturées qui feront en leurs boutiques & maifons, ou en chemin pour y être amenées & conduites, encore qu'elles fuffent de la profeffion, état & métier defdits
Maîtres & Gardes.

IX.

NUL ne pourra être reçu Marchand Mercier, Groffier,
Joüaillier, Quincaillier, Epicier, Apotiquaire, Droguifte, Cirier
& Chandelier, s'il n'eft originaire François, & n'eft Sujet du
Roy, ou qu'il n'ait obtenu Lettres de naturalité duément ve-
rifiées où befoin fera , & ne foit de la Religion Catholique,
Apoftolique, & Romaine.

X.

Seront tenus ceux qui afpireront à ladite Maîtrife,
faire l'aprentiffage par le tems & efpace de deux ans, & ce-
pendant demeurer en la maifon & boutique d'un, y fervant
actuellement, & exerçant ladite marchandife, lors de laquel-

le entrée, fera paſſé brevet d'apprentiſſage pardevant Notaires, qui fera duement controllé & viſé par les Majeurs de
Banniere & Gardes, & enregiſtré par le Syndic ſur le Regi-
ſtre de la Communauté ; outre lequel apprentiſſage, ceux
qui aſpireront à ſe faire recevoir Maîtres, feront tenus de
demeurer encore deux ans chez leur Maître, ou autre de
pareille Profeſſion de ladite Ville, ou autre Ville de Loy, &
de raporter leur brevet d'apprentiſſage, avec la quitance de
certificat du Maître d'apprentiſſage, & des autres Maîtres
où il aura ſervi depuis ; ce qui aura lieu pareillement à l'é-
gard des fils de Maîtres.

X I.

AVANT d'être reçu Marchand Mercier, Groſſier, Jouail-
lier, Quincaillier, Epicier, Droguiſte, Cirier & Chandelier,
l'Aſpirant fera interrogé ſur les Livres & Regiſtres, ſur les
Lettres & Billets de change, ſur la partie de l'aulne, ſur les
poids & meſures, & ſur les qualitez des marchandiſes autant
qu'il conviendra pour le Commerce dont il entend ſe mêler,
ſuivant l'Ordonnance de l'année 1673 ; & de payer les droits
ordinaires & accoutumez ſuivant les Articles ci-après, lequel
prêtera le ferment en tel cas requis pardevant les ſieurs
Maire & Echevins, en la preſence des Gardes & Majeurs de
Banniere en Charge.

X II.

A l'égard des Marchands Apotiquaires, ceux qui aſpireront à la Maîtriſe, feront tenus après les deux ans de leur
apprentiſſage expiré, de ſervir encore les Maîtres dudit Art
pendant le tems & eſpace de ſix ans ; ſoit en cette Ville ou
ailleurs, dont ils rapporteront les certificats avec leurs brevets
d'apprentiſſage quitancez en bonne forme.

X I I I.

L'ASPIRANT à la Maîtriſe de Marchand Apotiquaire,
fera tenu de ſe preſenter au Garde Apotiquaire en Charge,
& requerera de lui jour à l'effet d'éxaminer ſon brevet d'apprentiſſage & ſes certificats de ſervice, auquel examen aſſiſte-
ront tous les Medecins & tous les Maîtres Apotiquaires, leſquels l'Aſpirant avertira lui-même accompagné du Sergent

de la Communauté du jour qui lui aura été donné par ledit Garde en Charge.

X I V.

Au jour défigné, l'Afpirant accompagné comme deffus, fera la femonce aux Medecins & Apotiquaires, pour fe trouver au logis du Garde en Charge, où affemblez il reprefentera fes Lettres tant d'apprentiffage que de fervices, lefquelles ayant été examinées & agréés, lui fera donné jour pour fon premier Acte, confiftant dans l'examen de la generalité de la Pharmacie ; lequel Acte fera figné des deux anciens Medecins qui ont feuls voix déliberative, avec tous les Maîtres Apotiquaires, lefquels l'Afpirant remerciera de leur affiftance fuivant l'ancien ufage. Dès la veille dudit examen, l'Afpirant affifté comme deffus rendra une pareille vifite pour fe trouver au logis du Garde, afin d'y être examiné par les Apotiquaires en préfence defdits Medecins affemblez. L'examen fera commencé par le dernier reçu, & enfuite par les autres jufqu'au Doyen ; & l'examen fini l'Afpirant trouvé capable à la pluralité des voix tant des deux anciens Medecins que des Maîtres Apotiquaires, lui fera donné fon chef-d'œuvre par les Apotiquaires, lequel confiftera en fept pieces, fçavoir, cinq compofitions internes, comme un Sirop, une Poudre cordiale, un Electuaire folide, un Mol, une maffe de Pillule, & deux compofitions externes, fçavoir un Onguent & une Amplatre, & fera tenu l'Afpirant de les accepter, ce qui fera fon fecond Acte qui fera figné comme deffus, & fera l'Afpirant le même remerciement, & le tout fuivant l'ufage.

X V.

L'Aspirant ayant fes drogues bien difpofées qu'il aura aporté & de la qualité requife en la maifon du Garde, avertira lefdits Medecins & Apotiquaires, pour être prefens en la maifon du Garde, où affemblez, feront lefdites drogues examinées par les Apotiquaires, & étant trouvées de qualité requife, fera ledit Afpirant interrogé fur la qualité d'icelles : étant trouvé capable, lui fera donné le troifiéme Acte qui fera donné comme deffus, & fera le même remerciement.

X V I.

Le même jour, fera nommé un conducteur à l'Afpirant

par les Maîtres Apotiquaires, pour être présent avec le Garde durant le travail du chef-d'œuvre, qui se commencera
dès le lendemain sans délai. Ne pourra ledit Aspirant travail-
ler que trois heures au matin & trois heures après midi, remerciera le Garde & le Conducteur de leur assistance ; mais
ne pourra ledit Aspirant achever la premiere piéce, ni aucune autre de son chef-d'œuvre qu'en la présence des Maîtres Apoticaires, ausquels il fera la semonce comme dessus,
pour être présens à l'achevement d'icelui, lequel trouvé bien
fait lui sera avisé & agréé, & lui sera donné son quatriéme
Acte signé, dont il les remerciera ; il en sera de même des
autres piéces de son chef-d'œuvre.

X V I I.

T OU T E S les piéces achevées, fera la semonce pour se
trouver en la maison du Garde, pour lesdites piéces du chef-
d'œuvre être visitées par les deux anciens Medecins & Apoticaires, lesquelles trouvées bien faites, feront acceptées &
agréées ; lui sera donné le cinquiéme Acte, & fera le même
remerciement.

X V I I I.

L E chef-d'œuvre achevé, agréé & reçu, l'Aspirant rendra visite à Monsieur le Maire de ladite Ville, lui deman-
dera jour pour prêter le serment, rendra aussi visite aux
Echevins & Officiers de ladite Ville, & les avertira du jour
arrêté ; fera en outre pareille visite comme dessus, aux Medecins & Apoticaires, & les priera de se trouver au logis du
Garde, afin de l'accompagner à l'Hôtel de Ville, où seront
portées toutes les piéces de son chef-d'œuvre, & d'être présens à son serment, & fera son dernier Acte ; & son serment
fait, remerciera les deux anciens Medecins & Apoticaires
de leur assistance en la maniere ci-dessus.

X I X.

L E S fils de Maîtres seront tenus avant se presenter à la
Maîtrise d'exercer pendant six ans ledit Art de Pharmacie,
tant chez leur pere que chez d'autres Maîtres, y compris celui d'aprentissage, dont ils seront tenus de raporter Certificat
de leurs services.

XX.

L ES fils de Maîtres feront reçus en la même forme que les autres, auſquels il fera donné feulement deux piéces pour chef-d'œuvre, qu'ils feront chez leur pere, s'il eſt vivant, ſçavoir, une compoſition interne & une externe, leſquelles deux piéces trouvées bien faites, feront agréées & reçues ſuivant l'uſage.

XXI.

N E pourront leſdits Maîtres tenir plus d'un Aprentif dans le cours de la premiere année, ſoit marié ou étranger, indiſtinctement ; mais pourront en prendre un ſecond à l'expiration de ladite premiere année de l'Aprentif, ſuivant l'uſage ordinaire.

XXII.

N E pourront auſſi leſdits Marchands Merciers, Epiciers & autres de ladite Communauté contracter aſſociation avec aucune perſonne, s'il n'eſt Marchand & Maître reçu dans ledit Corps, ni prêter leur nom & marque pour le fait deſdites Marchandiſes, à peine de vingt livres d'amende pour la premiere fois, & de privation de Maîtriſe en cas de récidive.

XXIII.

N E pourront iceux Marchands tenir qu'une feule Boutique dans la Ville & Banlieue, ſous quelque prétexte que ce ſoit, ni s'adonner à autre Profeſſion incompatible avec leurdite Maîtriſe, à peine de privation d'icelle.

XXIV.

QU A N T aux Femmes Veuves deſdits Marchands, elles pourront continuer leur negoce pendant leur viduité comme elles faiſoient avant le décès de leurs maris, ſans qu'elles puiſſent prendre ni faire aucun Aprentif, ni ceder leur Boutique à aucunes perſonnes, ſi elles ne ſont actuellement demeurantes ès Maiſon & Boutique où ſe fait le commerce, qui ne ſe pourra faire qu'en leur nom.

XXV.

E T au cas que le Maître d'aucun Aprentif vienne à decéder pendant le tems de ſon aprentiſſage, il pourra achever ſon tems en la maiſon de la Veuve dudit défunt.

XXVI.

XXVI.

LESQUELS Marchands Mérciers, Grossiers, Joüailliers, Quincailliers, Epiciers, Apoticaires, Droguistes, Ciriers & Chandeliers pourront, & leur avons permis & permettons d'acheter, troquer ou échanger, étaler comme ils verront bon être, vendre & débiter en ladite Ville, Faubourgs & Banlieue d'Abbeville des marchandises d'épicerie, comme poivre, muscade, cloux de gerofle, canelle, gingembre, bois de gerofle, ris, safran, anis, sucre, miel, prunes, raisins, figues, olives, capes, amandes, caffé, anchois, pain d'épice, melasse ou sirop de sucre, cassonnades, confitures séches & liquides, & autres épiceries & drogueries ; huile d'olive, huile de grain de baleine & autres poissons ; savon d'Alicant, de Marseille & autres lieux, savon vert, potace, soute, senevé, eau de vie, vin, vinaigre, & autres liqueurs ; grains à faire l'huile, beurre, fromage de Hollande & autres ; tabac, pipes, suif, vieil oing, cires, ouvrages de cire, chandelles de suif, flambeaux, raisine, encens, poix, grosse, broy, goudron, teintures & peintures, baleine en fanon & coupée, laine, coton filé, cru & en laine, fil de Gibray, papier de toute façon & qualité ; cartes à jouer, cartes blanches & bises, argent vif, assenic, senné, manne, aloës, scamonée, gomme de toute sorte, cristal mineral, reglisse, therebentine, litarge d'or & d'argent, alun, mine de plomb, cerufe & autres épiceries, drogueries & grosseries ; toutes sortes de marchandises d'or & d'argent, de soye, serge de Florence, rase & étamine de Milan, du Mans, Lude, Reims, d'Amiens, Lille, & generalement toutes sortes d'étamines tant des Pays étrangers qu'autres ; serges de Seigneur, de Leïde, de Mouys, de Chartres, d'Afcot, d'Orleans & de toutes sortes de Pays & façon ; camelot d'Arras, d'Hollande, d'Amiens, de Lille & autres lieux, burail, moncoyart, futaine, bazins, coutils, aumale, crevecœur, frise, revêches, berluches, tertaine, raze de Maroc, raze de Saint-Lot, raze de Genes, raze de Cypre, dauphine, tripe, pluche, serge de Londres, pinchina de Poitou, d'Amboise, & autres ; serge de Nîmes, façon de Nîmes ; droguet de Lude, siamoise, écorce d'arbre, calmande, moutons d'Angleterre, mignonette, ligature, espa-

B

gnolette, fatin de Buges ; crêpes de toute façon, crêpon de
Lille, d'Amiens, boucaffin, canneval, treilly, bougran, drap
de Borde, d'Efpagne, d'Angleterre, & autres Pays étrangers;
toiles de toute forte, ouvrées & non ouvrées tant Françoifes
qu'Etrangeres, groffes, moyennes & fines ; chemifes,
mouchoirs, collets, cravates, & toute forte de lingerie ;
chanvre, lin, fil de toute forte, teint & non teint ; cordes
de toute façon, cordages, fiffelles, fangles, panneaux & filets
tant de chaffe que de pêche ; caftor à faire chapeaux, laines
filées & non filées, teintes & non teintes, bonnets de toute
façon, chapeaux, bas & gands de foye, camifoles, coton filé
& non filé, laine & fil ; lous, mafques, mouches, calotes,
écrans, éventails, coliers de toute qualité, parapluye, toile
cirée, capote, poudre à poudrer, parfums, effences, favonettes, cire d'Efpagne, mules, fouliers garnis & à garnir,
peaux de veau d'Angleterre, cuir à femelle, bazanne, cuir
de Hongrie & de Rouffy, peaux de chamois paffées à l'huile,
maroquin, cuir de Levant, buffe, buffetin, chevrotin, vêlins,
peaux de moutons parées, cuir de Megis, & generalement
toute forte de cuirs, fourures, pelleteries, gands, mitaines,
& tous ouvrages faits des étoffes fufdites ; toutes fortes de
tapifferies, courtepointes, couvertures, catelognes & autres
franges, paffemens, dentelles de toute façon & qualité, rubans, padous, gallons, ceintures, guipures, cordons, boutons d'or & d'argent, de foye, fil, crin, cuivre, & toute autre forte de tout Pays & façon, même l'or & l'argent, tant
fin que faux, filé fur foye ou fur fil, gallon d'or & d'argent
tant fin que faux, dentelles, franges, frangeons, point d'Efpagne & tout ouvrage fait des fufdites étoffes ; or & argent
de Cypre, ornemens d'Eglife de toute façon, foye écrue &
non écrue, teinte & non teinte, poil de chévre, & pareillement de toute forte de Jouaillerie d'or & d'argent, vaiffelle
d'or & d'argent & d'autres métaux, corails, grenades, calce-
doines, criftal, ambre, amatifte & toute forte de pierres
taillées & non taillées, toute forte de paternôte, droguerie,
brefil, paftel, cochenille, graines d'écarlate, garance, noix
de galle, azur, & toutes autres efpeces de teintures & peintures ; fer, acier, fer blanc, cuivre, airain, étain, laton ou

vré & non ouvré, neuf ou viel, même fil de laton & fil de fer, métail, épées, dague & poignards, hauffecols, lames, gardes, & garnitures d'iceux, & toute autre forte d'armes pour hommes & chevaux, éperons, étriers, mords de chevaux, fers, cloux, generalement de toute qualité & efpeces tant dorés qu'autres ; cifeaux, lancettes, ganifs, rafoirs, conteaux, porte-épées, épingles, éguilles, éguillettes, cannes de rofeau & autres, peignes de buis, d'yvoire & de corne, & tous ouvrages defdites étoffes ; éponges, ferrures, cadenats, fermetures de portes, fenêtres, coffres, cabinets, faulx, ferpes, coignées, bêches, faucilles & autres ouvrages de fer, dindanderie, quinquaillerie, coutelerie, & toute autre forte de marchandife de cuivre, fer, fonte, acier & toutes autres œuvres de fer & fonte, acier, miroirs, verres blancs, images, tableaux, tant en brofle qu'autrement ; peintures, bordures dorées, Heures, Pfeautiers, Catechifmes & autres Livres de Prieres ; plumes, gaînes, étuis, boëttes, fouflets & toute forte de brofferie, & generalement toute autre forte & efpece de marchandifes, étoffes, drogues, épices & denrées. Toutes lefquelles marchandifes, étoffes & autres efpeces de drogues & ouvrages ci-deflus, nous avons declaré & declarons être comprifes fous le nom de Mercerie, Epicerie, Jouaillerie, Droguerie, Apoticairerie, Cirerie & Chandellerie, & droit de les vendre & débiter tant en gros qu'en détail, troquer, échanger & apartenir aufdits Maîtres, Majeurs de Banniere & Garde dudit Corps & Communauté.

XXVII.

POURRONT lefdits Marchands Merciers, Grofliers, Joüailliers, Quincailliers, Epiciers, Apoticaires, Ciriers, Chandeliers, faire venir librement à leur rifque, peril & fortune tant par Mer que par Terre, des Pays, Provinces & Royaumes étrangers & de notre obéiffance toute forte de mercerie, droguerie, épicerie, grofferie, vin, eau de vie, vinaigre, huile d'olive & autres marchandifes, en payant tant de fois nos droits d'Entrées ordinaires & accoutumés, & icelles vendre & débiter tant en gros qu'en détail en leurs maifons & boutiques.

XXVIII.

AUCUN Marchand ne fe pourra entremettre de débiter

& vendre en détail toute forte de marchandifes de mercerie, groíſerie , joüaillerie , quincaillerie , épicerie, apoticairerie , droguerie , cicerie, & chandellerie ; mais feront tenus
tous les Marchands Forains de vendre les piéces en balle ,
caiſſe , tonneau , baril , pannier entier , en fac & fous cordes,
& en piéces entieres pour toute forte d'étoffes de foye & de
laine , avec cape & queuë , & en douzaine, tant rubans , ga-
lons de foye que de fil, & en groſſe pour les lacets , boutons ,
épingles, couteaux , ciſeaux , cartes & autres marchandifes
repriſes aux prefens Statuts, & ce à peine de confifcation, &
de trente livres d'amende.

XXIX.

DEFENDONS à tous Hôteliers de notredite Ville &
Faubourgs d'Abbeville d'expofer ni fouffrir d'être expofé en
vente aucunes marchandifes en leur maiſon pour eux ou
pour les Marchands Forains & Etrangers, à peine de confifcation , & de vingt livres d'amende, & de s'en prendre à eux,
leſquels Hôteliers feront tenus d'avertir leſdits Marchands
Forains & Etrangers logés en leurs maiſons , qu'ils n'y en peuvent vendre , & qu'ils font tenus faire mener leurs marchandifes dans l'Hôtel de Ville, pour là être vues & viſitées par
les Majeurs de Banniere & Gardes, auſquels ils payeront les
droits ordinaires de viſite , pour après ladite viſite faite obtenir la permiſſion de les vendre en gros durant le tems & efpace de quatre jours confecutifs ; après lequel tems expiré , feront tenus de faire rembaler leurs marchandifes , & défenfes
à eux de vendre, à peine de cinquante livres d'amende , & de
confifcation defdites marchandifes.

XXX.

NE pourront leſdits Majeurs de Banniere & Garde per-
mettre à aucun Etranger ni autres , faire en ladite Ville état
de Courtiers, s'ils ne font gens de bien , & fuffifans pour répondre des fautes & malverfations, fi aucunes font commifes ;
leſquels Courtiers ne pourront faire negoce en leur nom , ni
pour autrui, & ce pour éviter aux abus & monopoles qui pourroient fe commettre.

XXXI.

NE pourront les Marchands Merciers , Jouaillie s , Epi-

ciers, Droguiftes & autres de ladite Communauté s'entremettre du fait d'Apoticaire , confection , vente & débit des
medecines, compofition , huile & fyrop particulierement
attribué audit Art par les Reglemens, s'ils ne font Maîtres
Apoticaires, & n'ont fait l'aprentiffage & les fix ans de fervice, & gardé les formalités requifes pour parvenir audit Art
de Pharmacie, comme il eft prefcrit ci-deffus.

XXXII.

NE pourront lefdits Marchands Merciers, Epiciers, Apoticaires, Droguiftes, Ciriers & Chandelliers employer en la
confection de leurs medecines, drogues, confitures, conferves,
huiles & firops, aucunes drogues, fophiftiques en entier ou
corompues, ni mêler ou employer en leurs ouvrages de cire
aucune vieille cire avec la neuve, ni faire aucune chandelle
de fuif qu'il ne foit bon & loyal, fans couvertures, telles
deffous que deffus, lumignon de bon coton, ni mêler aucunes dragées, & autres ouvrages de fucre, amidon vieux,
firop ou autres chofes de mauvaife qualité ; ains feront lefdits
ouvrages pareils deffus que deffous, à peine de confifcation
defdites dragées, marchandifes & ouvrages, mêmes icelles
être brûlées devant le logis de ceux qui s'en trouveront faifis,
& de dix livres d'amende.

XXXIII.

NE pourront lefdits Marchands vendre aucune poudre,
pailles, cribelures tant defdites drogues qu'épiceries, ni débiter poivre, mufcade, cloux de girofle, gingembre, fafran,
& toutes autres épiceries ou drogueries, qu'elles ne foient
pures, bonnes, loyales, fur les mêmes peines que deffus.

XXXIV.

ET pour obvier aux fraudes & abus qui fe font commis
ci-devant aux ouvrages & manufactures de cire, Nous ordonnons que tous lefdits ouvrages feront de pure cire, non
mêlée ni fophiftiquée d'aucune cire groffe ou raifine ; qu'aufdits ouvrages y fera mis & apofé la marque tant du poid d'i-
ceux, que la marque particuliere de celui qui les aura fait ;
que les torches feront de longueur competente, fçavoir,
celles de deux livres auront cinq pieds de longueur ; celles
d'une livre & demie, quatre pieds & demi ; celles d'une livre

quatre pieds; celles de douze onces, trois pieds & demi; & celles de demie livre, trois pieds; & feront lefdites torches bien & duement couvertes; à l'égard des flambeaux qui fervent pour les Eglifes & aux convois mortuaires, ils feront auffi de bonne cire fans aucun mêlange, telle deffus que deffous, & les lumignons de bon fil de Guibray, & marqués comme deffus, fur les mêmes peines.

XXXV.

NE pourront lefdits Merciers, Epiciers & autres dudit Corps expofer ni mettre en vente aucun aigre de biére, ou de cidre coloré de meures ou autres denrées, ou fruits tendans à corruption, au lieu de vinaigre; mais feront tenus de vendre de bon vinaigre de vin, foit en gros ou en détail, à peine de confifcation, & d'amende arbitraire.

XXXVI.

DEFENDONS aux Artifans & gens de Métier d'expofer en vente aucunes marchandifes, qu'elles n'ayent été faites ou manufacturées par eux, ou leurs ferviteurs, domeftiques en cette Ville & Faubourgs, à peine de confifcation, & de dix livres d'amende; lefquelles marchandifes ils feront tenus de marquer de leur marque, afin qu'on puiffe connoître de quel ouvrier elles font procédées, pour en cas de défectuofité defdits ouvrages, s'adreffer à eux, comme en étans refponfables, en quelques mains que lefdits ouvrages & marchandifes puiffent être trouvées.

XXXVII.

ET pour maintenir le fervice de la Confrérie defdits Marchands érigée en l'honneur de Nôtre-Dame dans l'Eglife Collegiale de Saint Vulfran, il fera élû tous les ans un Bâtonnier-Syndic de ladite Confrérie, lequel fera tenu de faire acquitter à fes dépens le Service en la maniére accoutumée, pourquoi il aura à fon profit deux fols de chaque Maître pour droit de Confrérie; lequel Bâtonnier-Syndic fera élû par les anciens Bâtonniers le Dimanche de l'Octave de l'Affomption de la Sainte Vierge, avec quatre Prevôts, qui payeront audit Bâtonnier-Syndic chacun fix liv. pour être employées aux affaires de ladite Communauté, auquel Bâtonnier Syndic en Charge, ceux qui afpireront à la Maîtrife de Marchand

Mercier, Groſſier, Joüaillier, Quincaillier, Epicier, Apoticaire, Droǵuiſte, Cirier & Chandelier, payeront la ſomme
de deux cens livres, avec vingt une livres pour le Droit Royal,
réuni audit Corps & Communauté , pour le tout être employé aux affaires dudit Corps , & notamment au payement
des rentes dûes à cauſe des finances que ladite Communauté
a été obligée de payer à Sa Majeſté. Payeront en outre la
ſomme de quinze livres pour le Droit des Gardes & Majeurs
de Banniere , ſuivant les Délibérations des dix-ſept Avril
1 6 7 9 , & trois Juin 1 6 9 2 , & quinze Janvier 1 6 9 5 , &
homologuées pardevant leſdits ſieurs Maire & Echevins ;
leſquels Aſpirans ne pourront être reçus & admis à ladite Maîtriſe, qu'ils n'ayent ſatisfait aux Articles X. XI.
& XII. des preſens Statuts, à peine de nullité de reception ; & s'il ſe trouve quelqu'un entreprenant l'exercice
dudit état & maîtriſe, ſans avoir payé les droits accoutumés,
& ſatisfait auſdits Articles , il ſera contraint à s'en deſiſter
par ſaiſie de ſa marchandiſe , clôture de ſa boutique , &
trente livres d'amende.

X X X V I I I.

A l'égard des fils de Maîtres, ils ſeront reçus en la maniere
accoutumée, en payant ſeulement ſix livres aux Gardes &
Majeurs de Banniere pour leur aſſiſtance à la preſtation de
ſerment, & les deux tiers du Droit Royal au Bâtonnier-Syndic pour les affaires de ladite Communauté.

X X X I X.

N e pourront leſdits Gardes & Majeurs de Banniere recevoir perſonne à la Maîtriſe, qu'ils n'ayent auparavant fait
aſſembler le Syndic & Bâtonnier en Charge & cinq des Anciens
pour examiner l'Aſpirant , conformement à l'Article XI. ci-
deſſus, & deliberer ſur ſa reception, à peine de nullité.

X L.

Q u e s'il ſurvient quelques affaires importantes à ladite
Communauté , les Gardes en Charge ſeront tenus de faire
aſſembler les Majeurs de Bannieres & anciens Bâtonniers
pour deliberer, en la preſence deſquels ils propoſeront l'affaire ; & ce qui ſera conclu à la pluralité des voix, ſera ſuivi
& obſervé.

XLI.

TOUTES les Déliberations seront écrites & signées sur le Regiftre de ladite Communauté, lequel Regiftre sera mis avec tous les Papiers d'icelle Communauté, sous inventaire, dans un coffre à deux clefs, lequel coffre sera laissé à la garde du Bâtonnier-Syndic en Charge, qui aura une clef, & l'autre sera mise és mains du plus ancien des Majeurs de Banniere en Charge.

XLII.

LE Bâtonnier-Syndic sortant de Charge sera tenu de rendre son compte à celui qui lui succedera après la Messe des Trépassés, celebrée le lendemain du Dimanche de l'Octave de l'Assomption de la Sainte Vierge, en la presence des anciens Bâtonniers, & des Majeurs de Banniere & Gardes en Charge pardevant les Maire & Echevins Juges de Police de ladite Ville, en la presence du Procureur du Roy, conformement aux derniers Reglemens, par la clôture duquel s'il se trouve quelques deniers entre ses mains, ils seront mis & deposés dans ledit coffre, & les clefs diftribuées comme il eft dit ci-deffus.

XLIII.

PAYERONT les quatre Majeurs de Banniere en Charge de chacune année avant d'en sortir au Bâtonnier-Syndic, sçavoir, l'ancien quatre livres, & trois autres chacun douze livres; & les quatre Gardes payeront, sçavoir, l'Apoticaire soixante sols, & les trois autres chacun vingt livres, & néanmoins lorsque l'Apoticaire sera en Charge pour la premiere fois, il payera aussi vingt livres, lesquels deniers seront employés par ledit Syndic à l'acquit des rentes dudit Corps & Communauté.

XLIV.

DE toutes les amendes & confifcations qui procederont des contraventions à ces Presentes, malversations & forfaitures, il en apartiendra la moitié à la Ville, & l'autre moitié ausdits Majeurs de Banniere & Gardes en Charge, & à ladite Confrérie de Nôtre-Dame.

LES

LES prefens Statuts contenans quarante-quatre Articles, vûs & arrêtés par nous Subdelegué, Maire Perpetuel & Procureur du Roy de ladite Ville, ce jourd'hui quatriéme Janvier mil fept cens douze, figné, Beauvarlet de Bomicourt, Godard de Beaulieu, Danzil, Prevoft, Barangue, Macqueron, Dafto, Dailly, Pappin, J. C. Michaud le jeune, Perache, J. Poultier, Poultier, Sanfon, L. Lanier.

Regiftrés, ouy le Procureur General du Roy pour être executés felon leur forme & teneur, fuivant & conformement à l'Arrèt de ce jour. A Paris en Parlement le 9 Juin 1714. Signé, LORNE.

Les prefens Statuts & Reglemens ont été regiftrés dans le Regiftre aux Deliberations de l'Hôtel Commun de la Ville d'Abbeville du 2 Juillet 1714. Signé, P. DELATTRE.

Les prefens Statuts & Reglemens ont été regiftrés dans le Regiftre aux Chartres de la Senechauffée de Ponthieu à Abbeville, fuivant & conformement à la Sentence de ladite Senechauffée, de ce jour, pour jouir de l'effet d'iceux. Ce 5 Juillet 1714.
Signé, LEFEBVRE.

LETTRES PATENTES.

LOUIS par la grace de Dieu, Roy de France & de Navarre : A tous préfens & à venir, SALUT. Nos chers & bien amez les Marchands Merciers, Groffiers, Joüailliers, Quincailliers, Epiciers, Apoticaires, Droguiftes, Ciriers & Chandeliers de notre Ville d'Abbeville nous ont fait remontrer qu'ils font depuis long-tems unis & incorporés en un même Corps & Communauté, régis fous les mêmes Loix, Statuts & Ordonnances & fous une même Banniere & Enfeigne ; qu'ils font dans une longue poffeffion de faire un Commerce confiderable des marchandifes qui les concernent ; & qu'ils nous ont même payé des fommes confiderables, aufquelles ils ont été taxés pour fubvenir aux befoins preffans de notre Etat ; neanmoins comme leurs Predeceffeurs auroient obmis d'inferer plufieurs chofes dans les anciens Statuts & Reglemens faits & accordez à leurdit Corps

C

& Communauté pour maintenir le bon ordre & la discipline
necessaires ; que même il pourroit survenir des contestations
entre eux , ce que les Exposans desirans éviter & contribuer
à la perfection de leurs Mêtiers, ils auroient à cet effet dressé
des Statuts & Reglemens , dans lesquels chacun peut trouver ce qu'il est obligé de faire pour la satisfaction du Public
dans son Commerce , pour la bonne union dudit Corps &
Communauté , & pour empêcher les fraudes & malversations qui peuvent s'y commettre ; lesquels ayant été rédigez
en quarante-quatre Articles , contenant tout ce qui doit être
observé par ceux qui composent ledit Corps & Communauté, ils auroient été vûs & arrêtez par le Procureur pour Nous,
Subdelegué & Maire Perpetuel de ladite Ville d'Abbeville
le quatre Janvier dernier ; & comme le défaut de confirmation des Statuts & Reglemens desdits Exposans pouroit
leur être un préjudice considerable , ils ont été conseillés de
Nous suplier très-humblement de leur vouloir accorder nos
Lettres sur ce nécessaires. A CES CAUSES , vou-
lant favorablement traiter lesdits Marchands Merciers ,
Grossiers, Joüailliers , Quincailliers , Epiciers, Apoticaires,
Droguistes, Ciriers & Chandeliers de notredite Ville d'Abbeville Exposans , & faire le bien & avantage de leur Corps
& Communauté, les maintenir dans le bon ordre , la discipline & la police, & empêcher qu'il ne se glisse aucun abus
dans leur Commerce. De l'avis de notre Conseil qui a vû
lesdits Statuts & Reglemens rédigés en quarante-quatre Articles vûs & arrêtés par notre Procureur de notredite Ville
d'Abbeville le quatre Janvier dernier , ci-attachés sous le
Contre-scel de notre Chancellerie : Nous avons iceux Statuts & Reglemens desdits Exposans aprouvé , confirmé , autorisé & homologué , & de notre grace speciale , pleine
puissance & autorité Royale les aprouvons , confirmons ,
autorisons & homologuons par ces Presentes signées de notre
main ; voulons & nous plaît qu'ils sortent leur plein & entier effet , & soient executez selon leur forme & teneur par
ceux qui composent ledit Corps & Communauté , leurs successeurs & tous autres , sans qu'il y soit contrevenu en quelque sorte & maniere que ce soit , sur les peines y portées,

pourvû toutefois qu'au contenu éfdits Statuts & Reglemens il n'y ait rien de contraire aux Us & Coutumes des lieux, & préjudiciables à nos Droits, ni à ceux d'autrui. Faifons très-expreffes défenfes à toutes perfonnes de les y troubler, ni de s'entremettre dans leur Commerce, s'ils ne font reçûs Maîtres dans ledit Corps & Communauté. SI DONNONS EN MANDEMENT à nos amez & feaux Confeillers les Gens tenans notre Cour de Parlement à Paris, aux Maire & Echevins de notre Ville d'Abbeville, & autres nos Jufticiers & Officiers qu'il apartiendra, que les Prefentes ils ayent à faire enregiftrer, & du contenu en icelles jouir & ufer lefdits Expofans & ceux qui leur fuccederont audit Corps & Communauté pleinement, paifiblement, & perpetuellement garder & obferver lefdits Statuts & Reglemens felon leur forme & teneur; à ce faire contraindre d'obéir tous ceux & ainfi qu'il apartiendra, ceffant & faifant ceffer tous troubles & empêchemens contraires: Car tel eft notre plaifir. Et afin que ce foit chofe ferme & ftable à toujours, Nous avons fait mettre notre Scel à cefdites Prefentes. DONNE' à Marly au mois d'Avril l'an de grace mil fept cens douze, & de notre Regne le foixante-neuviéme. Signé, LOUIS. Au repli, Par le Roy, PHELYPEAUX, & à côté, Vifa. Signé, PHELYPEAUX, & fcellé en queue d'un grand Sceau de cire verte, fur lequel font empreintes d'un côté la figure de Sa Majefté avec fes habits Royaux, tenant fon Lit de Juftice, & de l'autre côté les Armes de France.

Sur le même repli eft ce qui fuit:

Regiftrées, ouy le Procureur General du Roy, pour jouir par les Impetrans de leur effet & contenu, & être executées felon leur forme & teneur, fuivant & conformement à l'Arrêt de ce jour. A Paris en Parlement le 9 Juin 1714. Signé, LORNE.

Les prefentes Lettres Patentes ont été regiftrées dans le Regiftre aux Deliberations de l'Hôtel Commun de la Ville d'Abbeville, le 2 Juillet 1714. Signé, P. DELATTRE.

Les prefentes Lettres Patentes ont été regiftrées dans le Regiftre aux Chartres de la Senechauffée de Ponthieu à Abbeville, pour être executées fuivant la Sentence de ce jourd'hui 5 Juillet 1714. Signé, LEFEBVRE.

C ij

EXTRAIT DES REGISTRES
de Parlement.

VEU par la Cour les Lettres Patentes du Roy données à Marly au mois d'Avril 1712, signées LOUIS, & sur le repli, Par le Roy, PHELYPEAUX, & scellées du grand Sceau de cire verte, obtenues par les Marchands Merciers, Grossiers, Joüailliers, Quincailliers, Epiciers, Apoticaires, Droguistes, Ciriers & Chandeliers de la Ville d'Abbeville, par lesquelles pour les causes y contenues ledit Seigneur a aprouvé, confirmé & autorisé les Statuts & Reglemens que lesdits Impetrans ont fait rédiger en quarante-quatre Articles, pour être executées selon leur forme' & teneur par ceux qui composent ledit Corps & Communauté, leurs successeurs & tous autres ; pourvû toutefois qu'il n'y ait rien de contraire aux Us & Coutumes des lieux, & préjudiciable aux Droits dudit Seigneur, ni à ceux d'autrui, ainsi que plus au long le contiennent lesdites Lettres à la Cour adressantes ; Vû aussi lesdits Statuts attachés sous le contrescel d'icelles, l'Arrêt du 23 Juillet 1712, par lequel avant proceder à l'enregistrement desdites Lettres & Statuts, il a été ordonné qu'elles seroient communiquées aux Maire & Echevins de la Ville d'Abbeville, ensemble au Substitut du Procureur General du Roy au Bureau de ladite Ville, pour y donner leur avis, pour ce fait raporté & communiqué au Procureur General du Roy, être ordonné ce que de raison ; ledit avis du 7 Novembre 1713, l'Arrêt du 18 Juin 1712, rendu entre les Impetrans d'une part ; les Lingers, Tapissiers, Vinaigriers & autres Marchands de ladite Ville, opposans à l'enregistrement desdites Lettres, d'autre ; par lequel il a été ordonné qu'il seroit passé outre à l'enregistrement desdites Lettres ; signification d'icelles du 27 dudit mois. Autre Arrest du 15 Juillet audit an, par lequel sans préjudicier aux opositions des Fondeurs & Chaudronniers de ladite Ville, il a été ordonné qu'il seroit passé outre à l'enregistrement desdites Lettres, si faire se doit ; ledit Arrest declaré commun avec les Particuliers Lingers, Vinaigriers,

Houpiers, Orfévres, Cordiers, Bonnetiers, Chapeliers, Pelletiers, Gantiers, Teinturiers, Cloutiers & Drapiers de ladite Ville, sans que l'Arrest qui interviendra sur l'enregistrement desdites Lettres puisse nuire ni préjudicier, ni être tiré à conséquence à l'égard des Oposans, quant aux Articles par eux contestez dans lesdits Statuts. Signification du 19 dudit mois; autre Arrest du 8 Août 1712, par lequel sans s'arrêter aux opositions de François Damiens, Jean Lefebvre, Jacques Boudernelle & autres, il a été ordonné que ledit Arrest du 15 Juillet precedent seroit executé. Signification du 17 dudit mois à la Requeste presentée à fin d'enregistrement desdites Lettres & Statuts. Conclusions du Procureur General du Roy: Ouy le Raport de Me René le Musnier, Conseiller, & tout consideré: LA COUR ordonne que lesdites Lettres & Statuts seront enregistrées au Greffe d'icelle pour jouir par les Impetrans de leur effet & contenu, & être executées selon leur forme & teneur, à la charge qu'il sera procedé par chacun an à l'élection de deux Majeurs de Banniere & de deux Gardes seulement, dont l'un sera Apoticaire, & les autres du nombre des Merciers, Grossiers, Jouailliers, Quincailliers, Epiciers, Droguistes, & Ciriers, lesquels en exerceront les fonctions, avec quatre de ceux qui auront été élûs l'année precedente; en sorte qu'il y en ait toujours quatre anciens & quatre nouveaux, & que les Ciriers & Chandeliers qui voudront fabriquer des flambeaux, bougies & chandelles, seront tenus de faire chef-d'œuvre en la forme & maniere qui sera reglée par les Maire & Echevins de ladite Ville. FAIT en Parlement le 9 Juin 1714. Signé, LORNE. Et collationné.

Le present Arrest a été registré dans le Registre aux Deliberations de l'Hôtel Commun de la Ville d'Abbeville, le 2e jour de Juillet 1714. Signé, P. DELATTRE.

Le present Arrest a été registré dans le Registre aux Chartres de la Senechauffée de Ponthieu à Abbeville, suivant la Sentence de ce jour 5 Juillet 1714. Signé, LEFEBVRE.

EXTRAIT DES REGISTRES
du Conseil d'Etat.

VEU au Conseil d'Etat du Roy les Memoires respecti-
vement presentez par les Marchands Grossiers de
Toiles, Lingers & Tapissiers de la Ville d'Abbeville ; & les
Marchands Merciers de la même Ville, au sujet de la contestation pendante entr'eux, sur ce que les Lingers préten-
dent avoir droit à l'exclusion des Merciers & de tous autres,
d'acheter & vendre toutes sortes de Toiles bises & blanches,
dont la manufacture est établie à Abbeville & dans les Pa-
roisses voisines à la distance de cinq à six lieues, & de les faire
teindre & aprêter en Toiles boucassinées ; les Merciers sou-
tenant au contraire qu'ils en doivent avoir la concurrence
avec les Lingers ; le Memoire envoyé par Mr de Bernage
Commissaire départi ès Provinces de Picardie & Artois, contenant qu'en execution des ordres qui lui en ont été donnés,
il auroit chargé le sieur de Bomicourt son Subdelegué d'en-
tendre les Parties ; lequel après avoir discuté l'affaire avec
les Marchands des deux Communautez, leur auroit proposé
l'union desdites deux Communautez, ainsi qu'il a été fait à
l'égard des Lingers & Merciers des Villes de Rouen, Reims,
Amiens, & quelques autres, à quoi les Lingers auroient
donné les mains, & les Merciers de leur part, y auroient pour
la plus grande partie consenti par un Acte du 9 Sept. 1713,
qui porte qu'il sera libre aux Lingers presentement établis
d'accepter l'union, auquel cas ils payeront à la Communauté
des Merciers 200 livres ; & qu'à l'égard de ceux qui ne trouveront pas à propos d'accepter l'union, ils continueront leur
vie durant d'exercer leur Commerce comme par le passé ;
mais le nommé Alexandre Sanson l'un desdits Merciers s'y
seroit oposé avec quelques autres, dont la plûpart ne sont
que petits détailleurs, & ce par esprit de cabale plutôt que
par de veritables raisons ; de laquelle oposition ledit sieur de
Bernage ayant été informé, il auroit ordonné audit sieur de
Bomicourt de faire de nouveau assembler les deux Communautez, pour voir s'il ne pouroit point faire revenir les oposans ;

ce qui auroit été fait par un nouvel Acte fignifié le 15 Janvier
1714, par plus de 50 Merciers, dans le nombre defquels font
les plus principaux & les plus intereflés, qui non feulement ont
declaré qu'ils acceptoient l'union ; mais ont donné pouvoir
aux Gardes de la Communauté d'en demander l'homologation ; fur quoi ledit fieur de Bernage trouvoit qu'il y avoit
d'autant moins de difficulté à ordonner l'union, qu'on ne fui-
voit en cela que ce qui s'étoit pratiqué dans les Villes prin-
cipales, & que c'eft en effet le feul expedient pour terminer
les differends qui fe renouvelleroient toujours entre les Lingers & les Merciers ; au moyen de quoi il eftimoit qu'il y
avoit lieu d'ordonner par un Arreft, que fans s'arrêter à l'oppofition de Sanfon & autres Merciers, les Marchands Lingers qui ont figné les Actes des 9 Septembre & 15 Janvier
derniers, feront unis à la Communauté des Merciers, aux
charges, claufes & conditions portées par lefdits Actes, en
laiffant aux Lingers qui ne voudront pas accepter l'union, la
liberté de continuer leur vie durant le commerce de la même
maniere qu'ils ont fait par le paffé. Vû auffi lefdits Actes des
9 Septembre 1713 & 15 Janvier 1714. Ouy le Raport du
Sieur Defmaretz, Confeiller Ordinaire au Confeil Royal,
Contrôleur General des Finances ; LE ROY EN SON
CONSEIL, fans s'arrêter à l'opofition formée par ledit
Alexandre Sanfon & autres Merciers, a ordonné & ordonne
que les Actes en forme de convention des 9 Septembre 1713
& 15 Janvier 1714, feront executés ; ce faifant, que les nommez Jean Legris, Claude Lennel, Antoine du Ponchel, Nicolas Hecquet, Antoine Meurice, Jean Daullé, Antoine
Dennel, Charles Delattre, Nicolas du Vauchel, François
Danzel, Antoine du Vauchel, Louis Hocquet, Pierre Thi-
bault, François Hervy, & la veuve Froiffard Marchands
Lingers feront aggregés, unis & incorporés au Corps des
Marchands Merciers de la Ville d'Abbeville, pour jouir de
tous les Droits & Prérogatives y attribuées, & aux autres
charges, claufes & conditions portées par lefdits Actes ; &
qu'à l'égard des autres Marchands Lingers, non incorporés
au Corps defdits Merciers, ils pourront continuer, enfemble
leurs veuves, de tenir boutiques ouvertes, & faire leur com-

merce leur vie durant , ainfi qu'ils ont fait par le paffé , auffi aux conditions portées par lefdits Actes , lefquels demeure: ront annexés à la minute du prefent Arreft. Enjoint Sa Majefté au Sieur de Bernage Commiffaire départi ès Provinces de Picardie & Artois , & aux Officiers de Police de ladite Ville d'Abbeville de tenir la main à l'execution du prefent Arreft , nonobftant toutes opofitions ou autres empêchemens quelconques ; & feront pour l'execution dudit Arreft toutes Lettres neceffaires expediées. F A I T au Confeil d'E-tat du Roy tenu à Marly le 8e jour de May 1714. Signé, D U JARDIN , avec Paraphe , & collationné.

Enfuit la teneur defdits Actes.

N O U S Charles-Antoine Beauvarlet , Ecuyer , Sieur de Bomicourt , Subdelegué de Monsr de Bernage , Confeiller du Roy en fes Confeils , Maître des Requê-tes ordinaire de fon Hôtel , Intendant de Picardie & Artois ; en confequence des ordres marquez par fa Lettre du 28e jour de Septembre dernier , d'examiner les Statuts prefentés à Monfeigneur le Chancelier par les Marchands Groffiers , de Toille & Lingers de cette Ville d'Abbeville ; après les avoir communiqués au Sieur de Beaulieu , en qualité de Juge de Police , & au fieur d'Anzel Procureur du Roy , & aux Marchands Merciers qui peuvent y avoir interêt ; lefdits Statuts ont été donnez en communication aufdits Marchands Merciers qui y ont fourni leurs débats , & les Marchands de Toille & Linge leur réponfe ; fur lefquels les ayant fait af-fembler plufieurs fois pardevant Nous , & propofé différens expediens en la prefence & de concert avec lefdits fieurs de Beaulieu & d'Anzel pour tâcher de les concilier enfemble , fans y avoir pû parvenir , il a été enfin propofé de les unir dans un feul & même Corps , en aggregeant ceux des Marchands de Toile & Lingers qui le voudroient dans le Corps defdits Marchands Merciers , en conformité de ce qui s'eft pratiqué depuis quelques années dans plufieurs Villes du Royaume, entr'autres dans celles de Rouen , de Reims & d'Amiens , comme le feul moyen de terminer leurs difficul-
tés ;

tez ; à quoi les Parties ayant refpectivement confenti, il a été convenu & arrêté , fçavoir , que les nommez Jean Legris , Claude Lennel , Antoine du Ponchel , Nicolas Hecquet , Antoine Meurice , Jean Daullé , Antoine Dennel, Charles de Lattre , Nicolas du Vauchel , François Dauzel , Antoine du Vauchel , Louis Hocquet , Pierre Thiebault , François Hervy & la Veuve Froiffart Marchands de Toile & Lingers feront agregez , unis & incorporez aux Corps des Marchands Merciers de ladite Ville , pour jouir par eux de tous les droits & prérogatives attribuez aufdits Merciers ; vendre & diftribuer refpectivement toutes fortes de marchandifes de la dépendance des deux Corps ; au moyen de quoi les enfans des Marchands de Toile & Lingers ci-deffus nommez , nez & à naître feront reçûs en la Maîtrife , en payant lors de leur reception les mêmes Droits qui fe payent par ceux des Marchands Merciers , à la charge de payer par chacun des Marchands & Marchandes de Toiles aggregez aux Corps defdits Merciers la fomme de 200 livres ; que chacun defdits Corps reconnoîtront les rentes & obligations qu'ils doivent réciproquement , pour les payer & acquitter enfuite , fuivant l'état qui en fera arrêté entr'eux ; & en ce qui touche les autres Marchands & Marchandes de Toile & Lingeres non compris & incorporez aux Corps des Merciers , qu'ils pourront & leurs Veuves continuer de tenir boutiques & faire leur commerce leur vie durant , ainfi qu'ils ont fait jufqu'à prefent , en payant les courfes aufquelles ils font actuellement cottifez , fauf à les augmenter , fi le cas y échoit , pour raifon de nouvelles finances , fans que par ci-après ils foient reçûs à y être admis ni aggregez fous quelque prétexte que ce foit ; ce qui a été réciproquement accepté par les Parties , & ont figné avec Nous à Abbeville le neuviéme jour de Septembre 1713. Ainfi figné , Claude Lennel , Nicolas Hecquet , Dauzel , du Ponchel , Delattre , Daullé , N. du Vauchel , P. Thiebault , J. Legris , L. Hocquet , F. Hervy , Antoine du Vauchel , la veuve Froiffart , Elizabeth Cocu femme d'Antoine Dennel , A. Maurice , F. Pignez , A. Locuilliart , de Mianney , C. Deval , Garbe , P. Leullier Bâtonnier en charge , Macqueron ,

D

A. Mauvoifin, J. Framery, L. du Buiffon, Perache, Beauvais, Ch. Tirmon, Prevoft, M. de Gory, Dailly, Dafto, Godart de Beaulieu, Beauvarlet de Bomicourt, Danzel.

CE jourd'hui 15e jour de Janvier 1714, la Communauté des Marchands Merciers, Groffiers, Joüailliers, Quincailliers, Epiciers, Apoticaires, Droguiftes, Ciriers & Chandeliers de la Ville d'Abbeville affemblée à la maniere ordinaire chez le Sr Robert Prevoft, ancien Bâtonnier de ladite Communauté, par Louis Dannel Sergent de Ville & dudit Corps, pour déliberer fur la réponfe de Monfeigneur le Chancelier faite à Monfieur de Bernage Intendant de cette Province, par fa Lettre du 8 de ce mois à nous communiquée par M. de Bomicourt fon Subdelegué, à l'occafion des Statuts prefentés par la Communauté des Marchands Lingers de cette Ville, & de l'expedient de les unir à notre Corps de Merciers ; par laquelle Lettre Monfeigneur le Chancelier lui mande que cet expedient lui paroît abfolument le meilleur pour concilier les deux Corps, il devoit donner de nouveaux ordres pour les porter à donner leur confentement, parcequ'autrement le Roy feroit expedier un Arreft pour révoquer les Lettres Patentes par nous obtenues pour la confirmation de nos Statuts. L'affaire mife en deliberation, il a été refolu, arrêté & deliberé de fuivre & executer la jonction & union que Mondit Sieur de Bomicourt Subdelegué de Monfieur de Bernage a fait de notredit Corps de Merciers avec celui des Lingers & Marchands de Toile dénommez par noms & furnoms dans ledit Acte en datte du 9 Septembre 1713 ; fans avoir égard à l'opiniâtreté d'aucuns Particuliers de ladite Communauté mal intentionnés, autorifant pour cet effet ladite Communauté, les fignatures qui font au bas dudit écrit, portant ladite jonction qu'ont fait aucuns de notredite Communauté, pourquoi les Gardes & Majeurs de Banniere en charge font d'abondant autorifés à pourfuivre ladite jonction & entherinement des Patentes de ladite Communauté, pourquoi lefdits Gardes & Majeurs de Banniere en charge ont figné l'Acte de ladite jonction.

Fait & deliberé lesdits jour & an que dessus, ainsi signé, Ch. Tirmon, F. Pignez, A. Loculliart, Macqueron, Michault, Dumarcq, Prevost, J. Framery, Monvoisin, Beauvais, Dailly, Dastot, de Miannay, Duval, Garbe, P. Leullier Bâtonnier en charge, André Michault, Jean Dumaige, C. Gouchon, Lievin, Dumaige, Pappin, Clochepein, de Moyenneville, Philippes Michault, A. Barangue, Poullier, L. Jannier, J. Heude, de Beauvallet, Jean Foüet, Coulombel, Beauvais, le Bel, Foulon, Obry, Duflos, M. de Gory, J. Lefebvre, L. du Buisson, Vulfran, le Vasseur, Nicolas Duflos, A. Foüet, Jean-François Dailly, Jean Michault, L. Dannelle, Sergent de Ville & du Corps des Marchands Merciers. Signé au bas, DU JARDIN, avec Paraphe, & Collationné.

LE 13e jour de Juin 1714, à la Requeste de Jean Legris, Claude Lennel, Antoine Duponchel, Nicolas Hecquet & autres y dénommez, qui ont élû domicile en la maison de Me Gridé Avocat aux Conseils du Roy, scize rue Hautefeuille, le present Arrest & Actes du Greffe étant ensuite, ont été signifiés, & d'iceux laissé copie, aux fins y contenues à la Communauté des Marchands Merciers d'Abbeville, au domicile de Me Negre, Procureur, scis Cloître Nôtre-Dame, parlant à son Clerc, à ce qu'ils n'en ignorent, par nous Huissier ordinaire du Roy en ses Conseils soussigné. Signé, BRISSET, avec Paraphe.

LOUIS par la grace de Dieu Roy de France & de Navarre : A nos amez & feaux Conseillers les Gens tenans notre Cour de Parlement à Paris, & à tous autres nos Officiers & Justiciers qu'il apartiendra, SALUT. Nos amez les Marchands Grossiers de Toiles, Lingers & Tapissiers de la Ville d'Abbeville, Nous ont fait remontrer qu'au sujet de la contestation pendante entr'eux & les Marchands Merciers de ladite Ville, sur ce que les Lingers prétendoient avoir droit, à l'exclusion des Merciers & de tous autres, d'acheter

D ij

& vendre toutes fortes de Toiles bifes & blanches , dont la
manufacture eft établie à Abbeville & dans les Paroiffes
voifines , à la diftance de cinq à fix lieues , & de les faire
teindre & aprêter en toiles boucaffinées ; les Merciers fou-
tenant au contraire qu'ils doivent avoir la concurrence avec
les Lingers, ils auroient donné leurs Memoires qui auroient
été envoyez au Sieur de Bernage Commiffaire départi ès
Provinces de Picardie & Artois, lequel auroit propofé l'union
des deux Communautez , ainfi qu'il a été fait à l'egard des
Lingers & Merciers des Villes de Rouen, Reims, Amiens &
quelques autres ; à quoi les Lingers auroient donné les mains,
& les Merciers de leur part y auroient pour la plus grande
partie confenti par un Acte du 9 Septembre 1713 , qui porte,
qu'il fera libre aux Lingers prefentement établis d'accepter
l'union, auquel cas ils payeront à la Communauté des Merciers 100 livres ; & qu'à l'égard de ceux qui ne trouveront
point à propos d'accepter l'union , ils continueront leur vie
feulement d'exercer leur commerce comme par le paffé ;
mais le nommé Alexandre Sanfon l'un defdits Merciers s'y
feroit oppofé avec quelques autres , dont la plûpart ne font
que des petits détailleurs , & ce par efprit de cabale plutôt
que par de veritables raifons ; de laquelle oppofition ledit
Sieur de Bernage étant informé , il auroit donné ordre au
fieur de Bomicourt fon Subdelegué , de faire de nouveau
affembler les deux Communautez, pour voir s'il ne pouroit
point faire revenir les oppofans ; ce qui auroit été fait par
un nouvel Acte fignifié le 15 Janvier 1714, par plus de cinquante Merciers, dans le nombre defquels font les principaux & les plus intereffés , qui non feulement ont declaré
qu'ils acceptoient l'union , mais ont donné pouvoir aux
Gardes de la Communauté d'en demander l'homologation ;
fur quoi ledit Sieur de Bernage trouvoit qu'il y avoit d'autant moins de difficulté à ordonner l'union , qu'on ne fui-
voit en cela que ce qui s'étoit pratiqué dans les Villes prin-
cipales , & que c'étoit en effet le feul expedient pour terminer les differends qui fe renouvelleroient toûjours entre les
Lingers & les Merciers , au moyen de quoi il eftimoit qu'il y

avoit lieu d'ordonner que sans s'arrêter à l'opposition de Sanson & autres Merciers, les Marchands Lingers qui ont signé lesdits Actes des 9 Septembre & 15 Janvier, seront unis à ladite Communauté des Merciers, aux charges, clauses & conditions y portées, en laissant aux Lingers qui ne voudront pas accepter l'union, la liberté de continuer leur vie durant leur commerce de la même manière qu'ils ont fait par le passé; surquoi seroit intervenu Arrest en notre Conseil d'Etat le 8 May 1714; par lequel sans s'arrêter à l'opposition formée par ledit Sanson & autres Merciers, il est ordonné que les Actes en forme de convention des 9 Septembre 1713 & 15 Janvier 1714, seront exécutés; ce faisant, que les nommés Jean Legris & autres Marchands Lingers y dénommés, seront aggregés, unis & incorporés au Corps des Marchands Merciers d'Abbeville, pour jouir de tous les droits & prérogatives y attribués, & aux autres charges, clauses & conditions portées par lesdits Actes, & qu'à l'égard des autres Marchands Lingers non incorporés au Corps desdits Merciers, ils pourront continuer, ensemble leurs veuves de tenir Boutiques ouvertes, & faire leur commerce leur vie durant, ainsi qu'ils ont fait par le passé, aussi aux conditions portées par lesdits Actes, lesquels demeureront annexés à la minute dudit Arrest. Enjoint audit Sieur de Bernage, & aux Officiers de Police de ladite Ville d'Abbeville, de tenir la main à l'exécution dudit Arrest, pour l'exécution duquel toutes Lettres nécessaires seroient expédiées, lesquelles les Exposans Nous ont très-humblement fait suplier leur vouloir accorder. A CES CAUSES, désirant favorablement traiter les Exposans, Nous avons conformément audit Arrest de notre Conseil du 8 May 1714, ci attaché sous notre Contrescel, ordonné & ordonnons par les Presentes signées de notre main, que sans s'arrêter à l'oposition formée par ledit Alexandre Sanson & autres Merciers, les Actes en forme de convention des 9 Septembre 1713 & 15 Janvier 1714, seront exécutés; ce faisant, que les nommés Jean Legris, Claude Lennel, Antoine Duponchel, Nicolas Hecquet, Antoine Morisse, Jean Daullé, Antoine Dennel, Charles Delattre, Nicolas du Vauchel, François

Dauzel, Antoine du Vauchel, Louis Hocquet, Pierre Thiebault, François Hervy, & la Veuve Froiffart Marchands Lingers, feront aggregés, unis & incorporés au Corps des Marchands Merciers de la Ville d'Abbeville, pour jouir de tous les droits & prérogatives y attribués, & aux autres charges, claufes & conditions portées par lefdits Actes; & qu'à l'égard des autres Marchands Lingers non incorporez au Corps defdits Merciers, ils pourront continuer, enfemble leurs Veuves, de tenir Boutiques ouvertes, & faire leur commerce leur vie durant, ainfi qu'ils ont fait par le paffé, auffi aux conditions portées par lefdits Actes, qui font annexés à la minute dudit Arreft. Si vous MANDONS que vous ayiez à regiftrer ces Prefentes, & de leur contenu, enfemble dudit Arreft, faire jouir & ufer les Expofans & lefdits Jean Legris & autres Marchands Lingers y dénommés, pleinement & paifiblement, ceffant & faifant ceffer tous troubles & empêchemens contraires: Car tel eft notre plaifir. DONNE' à Marly le 10e jour de Juillet 1715, & de notre Regne le foixante-treizième. Signé, LOUIS; & plus bas : Par le Roy, PHELYPEAUX. Et fcellé du grand Sceau de cire jaune.

Regiftrées, ouy le Procureur General du Roy; pour jouir par les Impetrans & lefdits Jean Legris & autres Marchands Lingers y dénommés, de l'effet & contenu en icelles, & être executées felon leur forme & teneur; fuivant l'Arreft de ce jour. A Paris en Parlement, le 21e jour de Juillet 1716.

Signé, GUYHOU.

EXTRAIT DES REGISTRES
de Parlement.

VEU par la Cour les Lettres Patentes du Roy données à Marly le 10 Juillet mil fept cens quinze, fignées, LOUIS, & plus bas, Par le Roy; & fcellées du grand Sceau de cire jaune, obtenues par les Marchands Groffiers de Toile, Lingers & Tapiffiers de la Ville d'Ab-

beville , par lefquelles & pour les caufes y contenues , ledit
Séigneur a ordonné que les Actes en forme de convention
des 9 Septembre 1713 & 15 Janvier 1714 , feroient executés ; ce faifant , que les nommez Jean Legris , Claude
Lennel , Antoine du Ponchel , Nicolas Hecquet , Antoine
Maurice , Jean Daullé , Antoine Dennel , Charles Delattre,
Nicolas du Vauchel , François Dauzel , Antoine du Vauchel , Louis Hocquet , Pierre Thiebault , François Hervy,
& la Veuve Froiffart Marchands Lingers , feront aggregés ,
unis & incorporez au Corps des Marchands Merciers de ladite Ville d'Abbeville , pour jouir de tous les droits & prérogatives y attribués , & autres charges , claufes & conditions portées par lefdits Actes ; & qu'à l'égard des autres
Marchands Lingers non incorporés au Corps des Merciers,
ils pourront , enfemble leurs Veuves , tenir Boutiques ouvertes , & faire leur commerce leur vie durant , ainfi qu'ils
ont fait par le paffé , auffi aux conditions portées par lefdits
Actes , ainfi que plus au long les contiennent lefdites Lettres
à la Cour adreffantes. Vû auffi lefdits Actes des 9 Septembre 1713 & 15 Janvier 1714 ; l'Arreft par lequel avant proceder à l'enregiftrement defdites Lettres , il a été ordonné
qu'elles feront communiquées aux Maire & Echevins de
ladite Ville d'Abbeville , & au Subftitut du Procureur General du Roy au Bureau de ladite Ville , pour y donner
leur avis , pour ce fait raporté & communiqué au Procureur
General du Roy , être ordonné ce que de raifon ; L'avis
defdits Maire & Echevins & dudit Subftitut du 28 Mars
1716 , & la Requête prefentée à la Cour à fin d'enregiftrement defdites Lettres : Conclufions du Procureur General
du Roy ; Ouy le Raport de Mᶜ Thomas Dreux , Confeiller ;
Et tout confideré : LA COUR ordonne que lefdites Lettres feront enregiftrées au Greffe d'icelle , pour jouir par les
Impétrans & lefdits Jean Legris & autres Marchands Lingers y dénommés , de l'effet & contenu en icelles , & être
executées felon leur forme & teneur. FAIT en Parlement
le 21 Juillet 1716. Signé, GUYHOU, & Collationné.

ARREST

DE LA COUR

DE PARLEMENT

Du 22. Fevrier 1717. concernant les Marchands Merciers d'Abbeville , & plusieurs autres Communautez de la mesme Ville.

LOUIS par la grace de Dieu Roy de France & de Navarre : Au premier noftre Huiffier ou Sergent fur ce requis , Salut. Sçavoir , faifons , qu'entre les Marchands Merciers Groffiers, Joüailliers, Quincailliers , Apotiquaires, Epiciers Droguiftes , Ciriers & Chandeliers de la Ville d'Abbeville, demandeurs en requefte du 30. Avril 1712. d'une part ; & les Lingers & Tapiffiers de ladite Ville, Jean Maneffier, Nicolas Michaut, Claude Crignon, Blaife Duval, Claude le Febvre, Antoine Maurice , Nicolas Beufin & Adrien Ricouard, Jean Bonnet, Loüis de Cayeux , autre Loüis de Cayeux , Jean de Sermoife , Jean de la Porte , Joffe Maillot , Eftienne - Thomas Demefter , Claire-Elifabeth Germain veuve , Jacques Hecquet , Elifabeth Obbry veuve de Jacques Blondin ; tous foy difans , Marchands en gros de ladite Ville d'Abbeville défendeurs ; & entre Nicolas & François Michaut, à prefent Marchands Merciers & anciens Confuls de ladite Ville, demandeurs en requefte du 25. May audit an 1712. & lefdits Lingers & Tapiffiers d'Abbeville, & lefdits Maneffier & Confors, foy difans Marchands en gros , défendeurs ; & entre lefdits Lingers & Tapiffiers d'Abbeville, demandeurs en requefte du 26. dudit mois de May , & lefdits Marchands Merciers & Confors , défendeurs ; & entre les Vinaigriers , Fufultiers, Diftilateurs, & Vendeurs d'eau-de-vie de ladite Ville , demandeurs en requefte du 28. dudit mois de May , & lefdits Marchands Merciers & Confors , défendeurs ; & entre les Chapeliers de ladite Ville, demandeurs en requefte du 4. Juin 1712. & lefdits Marchands Merciers & Confors, défendeurs ; & entre les Cloutiers , Feronniers & Lormiers de ladite Ville , demandeurs en requefte

A

dudit joūr 4. Juin 1712. & lefdits Marchands Merciers & Confors, défendeurs, & entre les Orphevres, foit difans Joüailliers de ladite Ville, demandeurs en requeſte du 6. dudit mois de Juin, & lefdits Marchands Merciers Groffiers Joüaillers & Confors, défendeurs ; & entre les Pelletiers, Gantiers & Megiffiers de ladite Ville d'Abbeville, demandeurs en requeſte du 6. dudit mois de Juin, & lefdits Marchands Merciers & Confors, défendeurs ; & entre les Cordiers de ladite Ville d'Abbeville, demandeurs en requeſte du 7. dudit mois de Juin, & lefdits Marchands Merciers & Confors, défendeurs ; & entre les Bonnetiers Bas-deftamiers de ladite Ville d'Abbeville, demandeurs en requeſte du 7. dudit mois de Juin, & lefdits Marchands Merciers & Confors, défendeurs ; & entre les Teinturiers en laine, foye & Confors, défendeurs ; & entre les Teinturiers en laine,foye & fil, du grand & petit teint de ladite Ville d'Abbeville, demandeurs en requeſte dudit jour 7. Juin 1712. & lefdits Marchands Merciers & Confors, défendeurs ; & entre les Houpiers Filaffiers de ladite Ville d'Abbeville, demandeurs en requeſte du 8. dudit mois de Juin, & lefdits Marchands Merciers & Confors, défendeurs ; & entre lefdits Marchands Groffiers Joüailliers, & autres, demandeurs en requeſte du 9. dudit mois de Juin, & lefdits Vinaigriers, les vendeurs de toiles Lingers & Tapiffiers, Orphevres, Cordiers Bas-deftamiers, Clouftiers, Feronniers, Lormiers, Chapelliers, Pelletiers, Gantiers, Megiffiers, Teinturiers, Houppiers, Filaffiers, & autres défendeurs, & entre les Drapiers Chauffetiers de ladite Ville, demandeurs en requeſte du 17. dudit mois de Juin 1712. & lefdits Marchands Merciers & Confors, défendeurs ; & entre lefdits Marchands Merciers & Confors, demandeurs en requeſte du 13. dudit mois de Juin, & lefdits Drapiers & Chauffetiers, défendeurs ; & entre Antoine Maurice, Charles le Mort, Pierre Tiebault, Jean Legris, Claude Hanel, Euftache & Jean Duponchel, Jean Dollé, Nicolas Hecquet, Charles de Laftre, François Hevy, François de Nel, Antoine Duponchel, Loüis Hecquet, François Macré, Edoüard Devifme, Nicolas du Vauchel, François Fufellier, dit Landas, Nicolas Affegond, Marie Degrebeminil, veuve d'Antoine du Ponchel, Marie Godemont, veuve de François de Camp, Catherine Beauvallet, veuve de Noël Gambier, Magdelaine Beauregard, veuve de Jean Balifte, Marie Beauvallet, veuve de François Froiffard, Elizabeth Gatte, veuve de François Danfel, Barbe Duponchel, veuve de Pafcal Gaillard, Marie Joffe, veuve de Philippe Duvauchel; tous Vendeurs de toile, Lingers & Tapiffiers de ladite Ville d'Abbeville, demandeurs en requeſte du 16. dudit mois de Juin 1712. & lefdits Marchands Merciers & Confors, défendeurs ; & entre Riques, Ribaucourt, Nicolas Dulot, Jean Gallet l'aifné, François Chalot, Claude Roufel, Pierre Ribaucourt, Jean Gallet, le jeune David, Nicolas de Poilly, Loüis de Poilly, Pierre Charlot, & .... Bourgeois, veuve de

Dangreville, Claude Vulfrant Poilly; tous Orphevres de ladite Ville d'Abbeville, demandeurs en requeste dudit jour 16. Juin, & lefdits Marchands Merciers & Confors, défendeurs; & entre François Riques, Nicolas Cardon, Jean Tellier, Jean Cardon, Loüis Fournier, Philippes à Coulan, Jacques Carache, François Tellier, Jean Gatebadat, Claude Cardon, François Traboulet, Jean Noizet, Jean Carve, François Delhomel, Jean Vincheneu, Charles Tellier, Jacques Leclerc, & Marie Garbe, veuve de Chriftophe Morgue; tous Cordiers de ladite Ville, demandeurs en requefte dudit jour 16. Juin 1712. & les Marchands Merciers, défendeurs; & entre Nicolas Papillon, Jean Lartois, Charles Legendre Salmon Desjardins pere, Pierre Frechon, Gabriel Tutois, Petit Dufois Meflierler, Jean Murcotte, Noël Hecquet, Dupré Monterlois, Jean Copart, André le Cocq, Nicolas Hecquet, Pierre Salmon, & Loüis de Lafniers; tous Bonnetiers, Bas-deftamiers de ladite Ville d'Abbeville, demandeurs en requefte du 16. Juin 1712. & lefdits Marchands Merciers & Confors, défendeurs; & entre Philippes Melier, Charles le Matte, Jacques Brailly, Jean Cuvillier, Gilles Ternifen, Guillaume Brailly, Moran, Antoine Baillet, Jean Leveque, Jean Brailly, & Antoine Pigne; tous Chapelliers de ladite Ville d'Abbeville, demandeurs en requefte dudit jour 16. Juin audit an, & lefdits Marchands Merciers & Confors, défendeurs; & entre Mathieu Morel, Charles Legris, Pierre Cordier, André Wallet, Jacques Douchet, Loüis Douchet, Antoine Chevalier, François Sanfon, & Pierre Danoy; tous Pelletiers, Gantiers, Megifliers de ladite Ville d'Abbeville, demandeurs en requefte dudit jour 16. Juin 1712. & lefdits Marchands Merciers & Confors, défendeurs; & entre Jean Vocquet, Charlemagne le Febvre, Robert le Compte, Jacques Nicolle, François Ribaucourt, François du Vauchelle, André Nicolle & fon fils, Guillaume Nicolle, Nicolas Affegond, Pierre Cremon, pere & fils, & Maurice Nicolle, Jacques Nicolle le jeune, Jacques Meurice, & fa mere; tous Teinturiers de ladite Ville d'Abville, demandeurs en requefte dudit jour 16. Juin 1712. & lefdits Marchands Merciers & Confors, défendeurs; & entre Jacques Boudernel, François d'Amiens, François le Febvre, Clouftiers, Ferronniers, & Lormiers de ladite Ville d'Abbeville, demandeurs en requefte du 17. dudit mois de Juin audit an, & lefdits Marchands Merciers, défendeurs; & entre Charles Blondin, Adrien du Bois, Adrien Traullé, Nicolas Meffier, Jean-Charles Cordier, François Cordier l'aifné, François Cordier, Pierre Amourette, Pierre Cordier, Pierre Lemire, Nicolas Meurice, Nicolas de la Gorgue de la Gorgue freres, Anne Dubo, veuve Adrien Traullé Durieux veuve, Nicolas Danzel Huchon, veuve de François Gatte; tous Drapiers, Chauffetiers de ladite Ville d'Abbeville, demandeurs en requefte du 17. dudit mois de Juin, & lefdits Marchands Merciers & Confors, defendeurs, & entre Philippes Syfait, François Martin, Nicolas Gambier, Jean Syfait, André Griout, Loüis Meneſſier, Jean Teruniſſin, Philippes Coudbout, Charles Gambier, Gabriël Syfait, Jean Boiſtel, Nicolas Syfait, Pierre Gambier, Gabriël Syfait, Thomas Secret, Jean Cailly, Jean Rouſſel, Loüis le Clairque, Pierre Dumont, Jacques Ringard, Heleine Bailleul veuve le Mire, Elizabeth Vibert, veuve de Charles Gambier, François Venin, veuve de Nicolas Foſſe & Urſulle Baillon, veuve de François Terniſien; tous Chaudronniers & Fondeurs de ladite Ville d'Abbeville, demandeurs en requeſte du 30. Juin 1712. & les Marchands Merciers & Conſors défendeurs, & entre leſdits Marchands Merciers & Conſors, demandeurs en requeſte du 8. Juillet 1712. & leſdits Philippes Syfait, Chaudronniers Fondeurs, Antoine Maurice, Charles Lemore, & Conſors Lingers & Vinaigriers & Houpiers, Regnier, Ribaucourt, Nicolas Dulatte, Jean Gallet & Conſors Orphevres, François Regnier, Nicolas Cordon, Nicolas Papillon, Jean Lartois & Conſors Bonnetiers; Philippes Milliers, Charles Lemaître & Conſors Chapeliers, Mathieu Morel, Charles Lemaiſtre & Conſors Pelletiers & Gantiers, Jean Vauquet Charlemagne le Febvre Teinturiers, & Jacques Boudernel, François Damiens, François le Febvre & Conſors, Clouſtiers, & Charles Blandin, Adrien Dubois & Conſors; tous Drapiers de ladite Ville d'Abbeville défendeurs, & entre leſdits Houppiers Filaſſiers, demandeurs en requeſte du 3. Mars 1715. & leſdits Merciers défendeurs; & entre leſdits Marchands Merciers, demandeurs en requeſte du 22. Aouſt 1714. & leſdits maiſtres Vinaigriers défendeurs; & entre leſdits marchands Merciers, demandeurs en requeſte du 27. Aouſt 1714. ſignifié le 28. & leſdits Maiſtres Clouſtiers défendeurs, & entre leſdits Morel, Cordier, le Gris, Douchet laiſné, Douchet, le jeune, Morel Walle, Beaufranc, Foucart, Chevalier, Sanſon, Davry, demandeurs en requeſte du 31. Aouſt 1714. & leſdits Marchands Merciers défendeurs, & entre leſdits Marchands Merciers, demandeurs en requeſte du 6. de Septembre 1714. & leſdits Blondin & autres Marchands Drapiers défendeurs; & entre leſdits Marchands Merciers, demandeurs en requeſte du premier Decembre 1714. & leſdits Blondin & autres Marchands Drapiers défendeurs; & entre leſdits Papillon & autres Maiſtres Bonneſtiers Bas-deſtamiers, demandeurs en requeſte du 17. Decembre 1714. & leſdits Marchands Merciers, défendeurs & oppoſants à l'enregiſtrement des pretendus Statut, Lettres patentes obtenuës par les Drapiers Chauſſetiers de ladite Ville d'Abbeville, ſuivant l'acte d'oppoſition par luy formée au Greffe de la Cour le 18. Juillet 1714. & défendeurs; & leſdits Drapiers Chauſſetiers défendeurs à ladite oppoſition, & demandeurs en requeſte par eux preſentée le 16. Janvier 1715. & entre leſdits Marchands Merciers demandeurs en requeſte du 18. dudit mois de Janvier, & leſdits Drapiers Chauſſetiers défendeurs & entre leſdits Marchands Merciers demandeurs en requeſte du du 15. May 1715. & lesdits Houpiers Filassiers défendeurs , & entre lesdits Marchands Lingers , Merciers défendeurs , & entre Jacques Senault , soy disant Marchand de ladite Ville d'Abbeville , intervenant & demandeur en requeste du 22. Juillet 1715. & lesdits Marchands Merciers Grossiers , Quincailliers , Apotiquaires Droguistes , Ciriers & Chandeliers de ladite Ville d'Abbeville défendeurs, & entre Jean Gorgibus, Antoine Canaple , Jean Bultel , Nicolas Lesconnié, Jean Fromantin l'aisné , Charles Coignet, Philippes Coignet , Loüis Petit-Jean Duballe , Loüis Henon , Noël Fromantin , Antoine Fromantin, Jean Levé , Nicolas Petit , Charles Dupré , François Bultel , Loüis Doutreleaux, Philippes François , Claude l'Estoille , Noël Fromantin , Guillaume Fabre , Jacques Brunet , Jean Merlin & Anne Millier ; tous se disans Maistres du mestier de Canoniers & Arquebuziers de ladite Ville, intervenants & demandeurs en requeste du 24. Juillet 1715. & lesdits Marchands Merciers , défendeurs , & ledit Millier & autres Chapeliers de ladite Ville , demandeurs en requeste du 3. Juillet 1715. & lesdits Marchands Merciers défendeurs d'autre ; & entre lesdits Ribaucourt & Consors , Maistre & Marchands Orphevres Joüailliers de ladite Ville d'Abbeville , demandeurs en requeste du 23. Avril 1716. & lesdits Marchands Merciers défendeurs ; & entre lesdits Vauquet & Consors , Marchands Maistres Teinturiers en laine , soye & fil, du grand & petit teint de ladite Ville d'Abbeville, demandeurs en requeste du 12. May 1716. & lesdits Marchands Merciers, Grossiers, Joüailliers , Quincailliers , Apotiquaires , Epiciers-Droguistes, Ciriers & Chandeliers de ladite Ville d'Abbeville , demandeurs en requeste du 13. May 1716. & Jacques Senault défendeurs entre lesdits Marchands Merciers demandeurs en requeste du 18. May 1716. & lesdits Ribaucourt & Consors défendeurs ; & entre lesdits Maistres Cloustiers , Ferronniers & Lormiers de ladite Ville d'Abbeville , demandeurs en requeste du 29. Juillet 1716. & lesdits Marchands Merciers défendeurs , & entre lesdits Papillon , Lartois & Consors ; Marchands Bonnetiers , Bas-d'estamiers de ladite Ville d'Abbeville , demandeurs en requeste du 3. Fevrier 1717. & lesdits Marchands Merciers défendeurs ; & entre lesdits Morel , Legris & Consors , Marchands Chapeliers en la mesme Ville, demandeurs en requeste du 4. Fevrier 1717. & lesdits Marchands Merciers défendeurs d'autre. Veu par nostredite Cour, la requeste & demande desdits Marchands Merciers & Consors du 30. Aoust 1712. à ce que sans s'arrester aux oppositions y énoncées dont main-levée seroit faite , il fut ordonné qu'il seroit procédé & passé outre à l'enregistrement des Lettres de confirmation en question, en la maniere accoutumée , & lesdits particuliers qui avoient formez lesdites oppositions fussent condamnez en tels dommages, interests qu'il plairoit à nostredite Cour, & aux dépens : la requeste & demande desdits Nicolas & François Michault du 25. May 1712. à ce qu'acte leur fût donné du desistement qu'ils

B

avoient fait par acte paffé devant les Notaires de Ponthieu le 17. dudit mois de May , & qu'ils avoient réiterez par ladite requefte , des oppofitions qui avoient efté formées , tant fous leurs noms que fous celuy des Lingers, Tapiffiers d'Abbeville, Maniffiers & Confors , foy difant Marchands en gros, à l'enregiftrement defdites Lettres de Statuts, enfemble de ce qu'ils s'eftoient joints aufdits Marchands Merciers & Confors , & avoient adherez aux conclufions par eux prifes , & en confequence que leurs conclufions leurs foient adjugées avec dépens : requefte defdits Lingers & Tapiffiers du 26. May 1712. employée pour caufes & moyens de leur oppofition par eux formée à l'enregiftrement defdits Statuts & Lettres patentes, contenant demande à ce qu'ayant égard à ladite oppofition , il fut ordonné que la qualité de Groffier prife par lefdits Marchands Merciers, feroit rayée & oftée de leurs Statuts , comme auffi de l'Article XXII. le pouvoir qu'ils s'attribuoient d'acheter, troquer, efchanger & aller vendre & debiter des boucaffins , cannevats , treillis , bougrans , toilles de toutes fortes ouvrées & non ouvrées, tant François qu'eftrangers, groffes, moyennes & fines , chemifes , mouchoirs , cravattes & toute autre forte de lingerie , tapifferie , courtepointe & couvertures , caftellongues , dantelles de toutes façons & qualité , attendu que lefdites marchandifes & ouvrages leurs appartenoient privativement à tous autres , enfemble de l'Article XXVIII. les défenfes faites à tous Marchands de vendre aucunes marchandifes, finon en caiffe , balle , tonneaux , barils, paniers entiers , fous cordes & en pieces entieres, avec dépens : la requefte & demande defdits Vinaigriers , Fufultiers , Diftillateurs d'eaude. vie & vendeurs d'icelle en ladite Ville, du 28. May 1712. à ce qu'ils fuffent reçûs parties intervenantes & oppofans à l'enregiftrement defdites Lettres patentes ; ce faifant ayant égard à l'oppofition , ordonne que la qualité de Marchand Groffier feroit oftée & rayée defdits Statuts , & que les Articles XXVI. & XXXVI. feroient reformez en ce que par le premier d'iceux, il eftoit permis aufdits Marchands Merciers de vendre & débiter fennevé, vins & vinaigre , & autres liqueurs indiftinctement ; & par le fecond , défenfes aux Artifans & Gens de meftiers d'expofer en vente aucunes marchandifes qu'elles n'ayent efté faites ou manufacturées par eux ou leurs ferviteurs & domeftiques ; ce faifant , d'avoir la liberté de vendre & d'avoir des vins non bons , & d'expofer en vente aucuns vinaigres , finon aux termes de l'Arreft de noftredite Cour du 20. Decembre 1710. avec dépens. La requefte & demande defdits Chapeliers du 4 Juin 1712. à ce qu'ils fuffent reçûs parties intervenantes & oppofans à l'enregiftrement defdites Lettres patentes , y faifant droit , ordonner que la qualité de Marchands Groffiers feroit oftée defdits Statuts , enfemble de l'Article XXVI. d'iceux, la liberté de vendre en gros & en détail par lefdits Merciers toutes fortes de chapeaux , & de l'Article XXXVI. qui faifoit défenfes aufdits Chapeliers d'expofer en vente aucuns chapeaux que ceux qu'ils avoient faits & manufacturez, à eux permis au contraire de vendre suivant l'usage toute sorte de chapeaux par eux manufacturez, ou venus d'ailleurs ; défenses ausdits Marchands Merciers d'en vendre ny acheter aucuns, sous telle peine que nostredite Cour le trouvera bon, avec dépens ; la requeste & demande desdits Cloûtiers, Feronniers & Lormiers, du quatre Juin mil sept cens douze, à ce qu'ils fussent reçûs parties intervenantes, comme aussi opposans audit enregistrement, en ce que par lesdits Statuts article XXVI. la qualité de Grossier est donnée ausdits Merciers, & qu'il estoit dit qu'ils auroient la liberté indefinie de vendre & d'acheter, troquer, échanger, & étaller toutes sortes de cloux & autres ouvrages de ferronnerie & mestiers desdits Cloûtiers; ordonner qu'ils pourroient & auroient droit seuls de fabriquer, vendre, étaller, & débiter les clous, & autres ouvrages de leurs metiers, mesme ceux qu'ils voudroient acheter & faire venir d'autres lieux, à peine de mille livres d'amende, tous dépens, dommages & interests, sauf ausdits Marchands Merciers de vendre les cloux & autres ouvrages du Métier de Cloûtiers, qu'ils auroient pris dans leurs Boutiques, & auroient achetez d'eux, & non d'autres Cloutiers, avec dépens. La requeste & demande desdits Orphevres, soy disans, Joüailliers, du 6. dudit mois de Juin 1712. à ce qu'ils fussent reçûs Parties intervenantes, & opposans audit enregistrement, en ce que par lesdites Lettres de Statuts, les Marchands Merciers se feroient fait attribuer la qualité & faculté d'acheter, negocier, échanger, étaller, vendre & débiter en gros & en détail toutes sortes de joüaillerie, vaiselle d'or & d'argent, & encore en ce que lesdits Marchands Merciers prétendroient que lesdits Orphevres & Jouailliers feroient compris dans les défenses faites par le trente-sixiéme article desdits Statuts à tous Artisans & gens de metiers d'exposer en vente d'autres marchandises de leur profession, que celles qu'ils auroient façonnées eux-mesmes, ou par leurs serviteurs & domestiques; défenses ausdits marchands Merciers de prendre la qualité de Joüailliers, ensemble de troquer, échanger, étaller, vendre & débiter aucune sorte de Joüaillerie & vaiselle d'or & d'argent, lesdits Orphevres fussent maintenus & gardez en la faculté & possession en laquelle ils estoient, de faire venir du dehors des marchandises de Joüaillerie & d'Orphevrerie, & les vendre mesme ainsi que celles qui estoient fabriquées par leurs serviteurs, domestiques, & tous autres avec dépens. La requeste desdits Pelletiers, Gantiers & Megissiers de ladite Ville du 6. Juin 1712. à ce qu'ils fussent reçûs Parties intervenantes & opposans audit enregistrement, ce faisant ordonner que la qualité de marchands Grossiers, prise par lesdits Merciers, sera ostée desdits Statuts, comme aussi de l'article XXVI. la liberté de vendre & acheter par eux, peaux & veaux d'Angleterre, peaux de Chamois passées à l'huile, buffes & buffetins, vélins, peaux de moutons, & generalement toutes sortes de cuirs, fourrures & pelletries, dont la vente & commerce feront declarez appartenir ausdits Pelletiers, Gantiers & Megissiers privativement à tous autres, permis neantmoins aufdits 'marchands Merciers de pouvoir expofer en vente de la poudre & parfums, effences, favonettes, gands, mitaines, & autres ouvrages de ganterie, pelleterie, fans en pouvoir faire venir d'ailleurs ny acheter d'aucuns Marchands Forains, pourquoy ils feroient tenus de fouffrir chez eux leurs Gardes pour y reconnoiftre les défectuofitez defdites marchandifes, & icelles faifir en cas de contravention & défectuofité, acquifes & confifquées avec amende ; & que l'article XXXVI. n'auroit point lieu à l'égard defdits Pelletiers, Gantiers, lefquels feroient maintenus au droit & poffeffion d'expofer en vente toutes fortes de marchandifes & ouvrages de leur profeffion par eux manufacturez, & venus d'ailleurs, avec dépens. La requefte & demandes defdits Cordiers du 7. dudit mois de Juin, à ce qu'ils fuffent reçûs Parties intervenantes, & oppofans audit enregiftrement, y faifant droit, qu'il feroit ofté de l'article XXXVI. defdits Statuts les mots, chanvres, lins, fils, de toutes fortes, tant cordes qu'autrement, de toutes façons cordages, fifelles, fangles, panneaux & filets, tant de chaffe que de pefche, & que l'article XXXVI. feroit entierement ofté defdits Statuts, parce qu'il n'appartenoit qu'aufdits Cordiers de vendre, acheter, & faire faire toutes lefdites marchandifes, pourquoy ils auront vifite dans les maifons & boutiques defdits Marchands Merciers, lorfqu'ils pourroient en acheter defdits Cordiers pour vendre en gros feulement, & non pas en détail, avec dépens. La requefte & demande defdits Bonnetiers du 7. dudit mois 1712; à ce qu'ils fuffent reçûs intervenans en ladite caufe, & oppofans audit enregiftrement, y faifant droit il feroit dit que lefdits Marchands Merciers ne pourroient prendre d'autres titres & qualité que celle de Merciers, qu'ils ne pourroient vendre ny debiter les bonnets de toutes façons, gands de foye & camifolles, que par fizaines, fous cordes aux termes de l'Arreft du 20. Aouft 1708. quand ils les auroient achetez defdits Bonnetiers Bas deftamiers, que défenfes leurs feroient faites d'en acheter d'autre, ny vendre autrement, à peine de faifie, confifcation & d'amende ; qu'il feroit permis aufdits Bonnetiers de vendre, debiter, comme ils avoient toûjours faits, toutes fortes de marchandifes de leur métier, qu'ils avoient faites ou fait faire, & celles qu'ils auroient achetées dans ladite Ville ou ailleurs, mefme dans les pays étrangers, & que lefdits Bonnetiers auroient vifite dans les maifons & boutiques defdits Merciers, & aux dépens. La requefte & demande des Teinturiers en laine, foye & fil, du grand & petit teint de ladite Ville d'Abbeville, dudit jour 7. Juin 1712. à ce qu'ils fuffent reçûs Parties intervenantes, & oppofans audit enregiftrement, & y faifant droit, ordonner que la qualité de Groffier fera oftée de la qualité defdits Marchands Merciers, qui feroit pareillement rayée de l'article XXVI. defdits Statuts, la liberté de vendre, & d'acheter en gros & en détail, troquer & échanger, étaller potaffe, teinture, gommes, bouccafins, toiles, bougrans, rubans.

rubans & fil , coton fillé & non fillé , teint & non teint , laine &
fil , foye cruë & non cruë , brefil , paftel & chenille , grains d'écarlatte ,
noix de galles , & toutes autres teintures & marchandifes de la profeffion defdits Teinturiers , tant en gros qu'en détail , feront declarez
leur appartenir ; qu'il feroit encore ofté de l'article XXVI. des mefmes Statuts les défenfes faites par iceluy , à tous marchands non Merciers , & par confequent aux Teinturiers de vendre les marchandifes & ouvrages de leur profeffion , en détail ou autrement , que par
piece entiere & en balles , caiffes , tonneaux , barils , panniers , facs ,
& fous cordes , avec caps & queuë , & par douzaine , & qu'il feroit
de plus ofté de l'article XXXVI. defdits Statuts , défenfes fuffent
faites aux Artifans & gens de metiers , & confequemment aufdits
Teinturiers d'expofer en vente autres marchandifes que celles qui
eftoient faites ou manufacturées par eux-mefmes , leurs ferviteurs ou
domeftiques , à eux permis au contraire , comme ils avoient toûjours faits de vendre lefdites marchandifes & ouvrages de leur profeffion manufacturez , par eux ou autrement , d'aller vifiter chez les
marchands Merciers pour vifiter lefdites marchandifes , & autres matieres fervans à la teinture qu'ils pouvoient avoir dans leurs maifons , boutiques , ou magazins pour en reconnoiftre la qualité &
aux dépens , la requefte & demande defdits Houpiers , Filaffiers du
8. dudit mois de Juin , à ce qu'ils fuffent reçus parties intervenantes ,
& oppofantes audit enregiftrement & y faifant droit , ordonner que la
liberté attribuée aufdits Marchands Merciers de vendre en gros & en
détail dans ladite Ville toutes fortes de fils & laine , feroit oftée de
l'Article XXVI. de leurs Statuts ; ce faifant , défenfes leur fuffent
faites d'en vendre aucunes dans ladite Ville , foit en gros , foit en détail ny d'autres ouvrages du meftier defdits Houpiers , Filaffiers , ordonner en outre que l'Article XXXVI. defdits Statuts n'aura point
de lieu , à l'égard defdits Houpiers , Filaffiers , & que les défenfes à
eux faites d'expofer en vente d'autres marchandifes & ouvrages que
celles qu'ils auroient manufacturées par eux-mefmes , leurs ferviteurs
& domeftiques , feroient oftez & fupprimez , en confequence les
maintenir en la poffeffion en laquelle ils auroient efté , de vendre &
debiter dans ladite Ville en gros & en détail toutes fortes de marchandifes & ouvrages de leur profeffion , manufacturées par eux , leurs
ferviteurs & domeftiques , moins encore vendre & débiter celles qu'ils
avoient achetez & achetoient dans les marchez , ou venans d'ailleurs ,
à laquelle fin les Statuts , Patentes , Arreft d'enregiftrement & celuy
qui declaroit lefdits Marchands Merciers non recevables dans leur oppofition , feroient fuivis & executez felon leur forme & teneur , & en
ce que touchoit les qualitez prifes par lefdits Marchands Merciers ,
aufdits Statuts & aux dépens , la requefte & demande defdits Marchands Merciers du 9. Juin à ce qu'acte leur fut donné de ce que
comme eftant Marchands groffiers , & faifant un négoce du gros , ils

entendoient se conformer à l'Arrest de la Cour du 20. Décembre 1700.
à l'égard des Vinaigriers, tant pour la vente en gros du vinaigre que
pour la vente en détail, en conséquence lesdits Vinaigriers fussent décla-
rez non recevables en leur requeste & opposition, ainsi que les Vendeurs de Toilles, Lingers, Tapissiers, Orphevres, Cordiers, Bas-
destamiers, Cloutiers, Feronniers, Lormiers, Chapeliers, Pelletiers,
Gantiers & Megissiers, Teinturiers, Houpiers, Filassiers & autres aux
dépens; la requeste & demande desdits Drapiers & Chaussetiers de
ladite Ville, du 18. dudit mois de Juin 1712. à ce qu'ils fussent reçus
intervenants & opposans audit enregistrement y faisant droit, ordonner que la qualité de Marchands Grossiers seroit ostée desdits Statuts,
ensemble de l'Article. X X V I. la liberté de vendre & debiter en gros
& en détail toutes sortes de draps & autres étoffes & marchandises
composées de fil gras ou meslé de gras & fil sec, privativement aux
autres Marchands, ce faisant que les Arrests des 10. Janvier 1616. &
14. Septembre 1675. seroient suivis & executez selon leur forme &
teneur, & en conséquence que les Drapiers seroient maintenus & gardez au droit & possession de vendre & debiter, soit en gros soit en
détail dans ladite Ville privativement aux Merciers, toutes sortes de
draps, serges & autres étoffes composées de laine grasses, avec défenses à eux d'en vendre aucunes en gros & en détail aux peines
portées par lesdits Arrests, & dans le mesme droit & possession de
vendre & debiter en gros & en détail dans ladite Ville, & concurramment avec lesdits marchandises Merciers des marchandises, serges
d'aumalle, bouracant, droguet & autres étoffes fabriquez de fil gras
ou sec & aux dépens. La requeste & demande desdits marchands
Merciers & Consors du 13. dudit mois de Juin à ce que lesdits Drapiers Chaussetiers de ladite Ville, soient declarez non recevables dans
leur intervention avec dommages, interests & depens; la requeste &
demande desdits Antoine Mercier & Consors Vendeurs de Toille,
Lingers & Tapissiers du 16. Juin 1712. à ce qu'en plaidant la cause sur
l'opposition qui avoit esté par eux formée en nom collectif audit enregistrement; acte leur auroit esté donné de la declaration qu'ils faisoient de ce que ç'avoit esté par erreur & inadvertance, qu'ils avoient
formez ladite opposition en nom collectif sur ladite qualité de seuls
Lingers & Tapissiers, sans dénomination de personne; ce faisant il
leur fut pareillement donné acte de la declaration qu'ils faisoient,
que c'estoit chacun de leur nom particulier ainsi qu'ils estoient
dénommez, qu'ils entendoient former ladite opposition & non en
noms collectifs y faisant droit, ordonner que la qualité de Grossier
seroit rayée & effacée desdits Statuts, comme aussi qu'il seroit osté de
l'Article X X V I. d'iceux, le privilege qu'ils s'attribuoient d'acheter,
troquer, échanger, étaller, vendre & debiter des boucassins & autres
choses, attendu que la vente & commerce desdites marchandises &
ouvrages leur appartenoient privativement à tous autres; ensem-

blé de l'Article **X X V I I I.** des défenses y portées avec dépens, & où noſtre Cour y feroit la moindre difficulté, ordonner qu'il feroit furcis pendant ſix mois, à prononcer ſur l'enregiſtrement des Statuts & Patentes defdits Marchands Merciers, & fur leurdite oppoſition pendant lequel temps, attendu l'empêchement qui avoit eſté fait à la requeſte defdits Marchands Merciers entre les mains des Maire & Eſchevins de ladite Ville, de leur accorder aucuns Status, qu'ils ſe pourvoiront pardevant le Lieutenant General & noſtre Subſtitut en la Sénéchauſſée de Ponthieu, pour y faire dreſſer leurs Statuts obtenuës ſur iceux les Patentes de Sa Majeſté, & les faire enregiſtrer en noſtredite Cour en la maniere accoûtumée, ſans préjudice aux droits des parties, la requeſte & demande defdits Regnier-Ribaucourt & Conſors en ladite Ville d'Abbeville du 16. Juin 1712. à ce qu'ils fuſſent reçûs parties intervenantes, & oppoſantes audit enregiſtrement en ce que par leſdites Lettres Patentes, leſdits Marchands Merciers s'attribuoient la qualité de Joüaillier en ce que par l'Article **X X V I.** defdits Statuts, ils s'eſtoient fait attribuer la faculté d'acheter, troquer, échanger, étaler, vendre & débiter en gros & en détail toutes ſortes de joüaillerie, vaiſſelle d'or & d'argent, & encore en ce que leſdits Marchands Merciers pretendoient qu'ils feroient compris dans les défenſes faites par le trente-ſixiéme Article defdits Statuts, & faiſant droit fur ladite oppoſition ; défenſes fuſſent faites auſdits Marchands Merciers de prendre la qualité de Joüaillier, enſemble de troquer, échanger, étaler, vendre & débiter aucunes ſortes de joüaillerie, vaiſſelle d'or & d'argent, les maintenir & garder en la faculté & poſſeſſion, de faire venir leſdites ſortes de marchandiſes de joüaillerie, orphevrerie, & de les vendre de meſme & ainſi que celles qui feroient par eux fabriquées, leurs Serviteurs & Domeſtiques & tous autres & aux dépens ; la requeſte & demande defdits François Regnier & Conſors Cordiers du 16. dudit mois de Juin à ce qu'ils fuſſent reçûs intervenans & oppoſans audit enregiſtrement y faiſant droit, qu'il feroit oſté de l'Article **X X V I.** defdits Statuts, les mots, chanvres, lin, fils de toute ſorte, tant de corde qu'autrement de toutes façons, cordages, filets, ſangles, pommeaux, filets tant de Chaſſe que de Pêche, & que l'Article **X X X V I.** feroit entierement oſté, parce qu'il n'appartient qu'auſdits Cordiers de vendre & acheter & faire faire toutes leſdites marchandiſes, pourquoy ils auroient viſites dans les maiſons & boutiques defdits Marchands Merciers, leſquels pourroient en acheter defdits Cordiers pour les vendre en gros ſeulement & non pas en détail & aux dépens, la requeſte & demande defdits Papillon & autres Bonnetiers de ladite Ville d'Abbeville, du 16. dudit mois de Juin, à ce qu'ils fuſſent reçûs intervenans & oppoſans audit enregiſtrement ; faiſant droit, ordonner que leſdits Marchands Groſſiers ne pourront prendre d'autres titres & qualité que celle de Merciers, qu'ils ne pourroient vendre ny débiter des bonnets de toutes ſortes

& façons, bas de foye & camifolles , que par fizain & fous cordes
aux termes de l'Arreft du 26. Aouft 1708. quand ils les auroient achetez
defdits Bonnetiers , que défenfes leurs feroient faites d'en acheter
d'autres , ni vendre autrement, à peine de confifcation & amende;
qu'il feroit permis aufdits Bonnetiers Bas-d'eftamiers de vendre & debiter toutes fortes de marchandifes de leur meftier qu'ils auroient faits
ou fait faire, telles qu'ils auroient achetées dans la Ville, ou autrement dans les pays étrangers, & qu'ils auroient vifites chez lefdits
marchands Merciers, & aux dépens. La requefte & demande defdits
Mellier & confors, Chapeliers dudit Abbeville, du 16. dudit mois de
Juin 1712. à ce qu'ils fuffent reçûs intervenans & oppofans audit enregiftrement, faifant droit, ordonner que la qualité de marchand Groffier
feroit oftée defdits Statuts, enfemble de l'article X X V I. d'iceux, la
liberté de vendre en gros & en détail par lefdits marchands Merciers
toutes fortes de chapeaux; & l'article XXXVI. les défenfes faites aufdits
Chapeliers d'expofer en vente d'autres chapeaux que ceux qu'ils auroient
faits ou manufacturez, à eux permis au contraire de vendre fuivant
l'ufage toutes fortes de chapeaux par eux manufacturez, ou venans
d'ailleurs ; défenfes aufdits marchands Merciers d'en vendre ni acheter
aucuns , fous telles peines que la Cour trouvera bon marquer, & aux
dépens. La requefte & demande defdits Mathieu Morel & confors
Pelletiers, du 16. dudit mois de Juin, à ce qu'ils fuffent reçûs intervenans & oppofans audit enregiftrement, y ayant égard, ordonner que
la qualité de marchand Groffier prife par les Merciers, feroit oftée
defdits Statuts, comme auffi de l'article XXVI. la liberté de vendre &
acheter peaux & veaux d'Angleterre, & toutes autres fortes de cuirs,
fourure & pelleterie, dont la vente & commerce feroit declarée appartenir aufdits Pelletiers, privativement à tous autres ; permis neanmoins
aufdits marchands Merciers de pouvoir expofer de la poudre à poudrer,
effences, parfums, favonettes, gands, mitaines, & autres ouvrages
de Ganterie, qu'ils feroient tenus d'acheter defdits Pelletiers, Gantiers
& Megiffiers, fans en pouvoir faire venir ni acheter d'aucuns marchands Forains; pourquoy ils feroient tenus de fouffrir chez eux la vifite
de leurs Gardes, pour y reconnoiftre la défectuofité defdites marchandifes, & icelles faifies en cas de contravention, & confifquées avec
amende; & que l'article XXXVI. n'auroit point lieu à leur égard, & qu'ils
feroient maintenus au droit & poffeffion où ils eftoient d'expofer en
vente toutes fortes de marchandifes de leur profeffion par eux manufacturées & venant d'ailleurs, & aux dépens. La requefte & demande
defdits Vocquet & confors, Teinturiers dudit Abbeville, dudit jour
16. Juin 1712. à ce qu'ils fuffent reçûs intervenans & oppofans audit
enregiftrement, & y ayant égard, ordonner que la qualité de Groffier
feroit oftée pareillement de l'article XXVI. la liberté de vendre & d'a-
cheter en gros & en détail pluffes, gommes, bougrans, & autres marchandifes de leur profeffion dont le commerce & le debit feroit declaré
leur

leur appartenir; qu'il feroit encore ofté de l'article XXVIII. des Statuts les défenses y portées : feront oftées de plus les défenses portées par
l'article XXXVI. à eux permis au contraire de vendre lefdites marchandifes & ouvrages de leur profeffion, manufacturées par eux, ou
venant d'ailleurs, même d'aller en vifite chez lefdits marchands Merciers, & aux dépens. La requefte & demande defdits Jacques Boudernel & confors, Clouftiers de ladite ville d'Abbeville, du 17. dudit mois
de Juin, à ce que rectifiant les qualitez de leur requefte prefentée fous
le nom collectif de la Communauté des Clouftiers, par erreur & inadvertance, il feroient reçûës parties intervenantes en la caufe, y faifant
droit, les conclufions qu'ils y avoient prifes par leur requefte du 4. dudit
mois de Juin leurs fuffent adjugées avec dépens. La requefte & demande
dudit Blondin & confors, Drapiers dudit Abbeville, dudit jour 17. Juin
1712. à ce qu'ils fuffent reçûs intervenans & oppofans audit enregiftrement, & y faifant droit, ordonner que la qualité de marchand Groffier
feroit oftée des qualitez des Statuts, enfemble de l'article XXVI. la liberté
de vendre en gros & en détail toutes fortes de draps & autres étoffes
de marchandife de fil gras ou meflé de fil gras & fil fec, privativement
aux autres marchands ; ce faifant que lefdits Arrefts des 16. Janvier 1616.
& 4. Septembre 1675. feroient fuivis & executez felon leur forme &
teneur, & en confequence, qu'ils feroient maintenus & gardez au droit
de poffeffion de vendre & debiter, foit en gros, foit en détail, privativement aufdits marchands Merciers, toute forte de draps, ferges, &
autres étoffes compofées de laine graffe, avec défenses aufdits marchands
Merciers d'en vendre aucunes, foit en gros, foit en détail, aux peines
portées par lefdits Arrefts, & dans les autres droits & poffeffion de vendre & debiter en gros & en détail, concurramment avec lefdits marchands Merciers des marchandifes de ferges d'Aumalle, bouracans &
autres étoffes fabriquées de fil gras & de fil fec, & aux dépens. Arreft
du 18. Juin 1712. par lequel faifant droit fur la requefte defdits marchands Merciers, auroit efté ordonné qu'il feroit paffé outre à l'enregiftrement des Lettres patentes, fi ce faire fe devoit, & acte aufdits
marchands Merciers de ce qu'ils confentoient à l'execution de l'Arreft
à l'égard des Vinaigriers & Houpiers, & les Vinaigriers Houpiers &
Filaffiers reçûs parties intervenantes, & pour y faire droit, les parties
appointées en droit, les autres parties deboutées de leur oppofition ; &
pour faire droit fur les nouvelles requeftes, les parties appointées en
droit, & joint. La requefte d'intervention & demande defdits Chaudronniers & Fondeurs de ladite ville d'Abbeville, du 30. Juin 1712. à
ce que faifant droit fur ladite intervention, ils fuffent reçûs oppofans
aufdits Statuts & Lettres patentes obtenuës par lefdits marchands Merciers, y ayant égard, il fut ordonné qu'il feroit ofté de l'article XXVI.
defdits Statuts la liberté donnée aufdits Merciers de vendre, acheter,
eftaler toutes fortes d'ouvrages de cuivre, fer & fonte, & autres generalement quelconques de leur profeffion, en confequence défenses auf-

D

dits Merciers de vendre ni d'acheter en gros & en détail aucunes defdites marchandises, conformément à ce qui se pratiquoit en la ville de
Paris; ordonner qu'il seroit pareillement osté de l'article XXXVI. les
défenses à eux faites d'y exposer en vente aucunes autres marchandises
que celles qu'ils auroient faites eux-mêmes, ou par leurs domestiques;
permis au contraire de vendre & acheter privativement ausdits Merciers toutes sortes d'ouvrages & marchandises de leur profession, façonnées par eux-mêmes, ou venant d'ailleurs, avec dépens. Arrest du
15. Juillet 1712. par lequel lesdits Syfait & consors auroient esté reçûs
parties intervenantes; ordonne que sans prejudice à leur opposition il
seroit passé outre à l'enregistrement des Lettres patentes obtenuës par
lesdits marchands Merciers, si faire se doit, & pour faire droit sur les
oppositions, les parties auroient esté appointées en droit, & joint, & ledit
Arrest declaré commun avec les particuliers Lingers, Vinaigriers, Houpiers, Orfévres, Cordiers, Bonnetiers, Chapeliers, Pelletiers, Gantiers,
Teinturiers, Cloûtiers & Drapiers dudit Abbeville, sans que l'Arrest
qui interviendroit sur lesdites Lettres patentes puissent nuire ni préjudicier, & estre tirées à consequence; à l'égard desdits Chaudronniers-
Fondeurs, quant aux articles par eux contestez dans leurs Statuts des Merciers, dépens reservez: avertissement des Vinaigriers, marchands Merciers, Drapiers & Chaussetiers, des 28. Juillet, 4. Aoust 1712, & 10. Juillet
1714. production desdits Marchands Merciers, Vinaigriers & Chapeliers, Houpiers, Filassiers, & Drapiers & Chaussetiers, en execution
desdits Arrests des 18. Juin & 15. Juillet 1712. Requeste desdits Cloutiers & Cordiers des 4. Aoust & 18. Decembre 1714. employée pour
défenses, avertissement, écritures & production, contredits desdits
Marchands Merciers & Cloutiers, Chapelliers, Drapiers, Chaussetiers, Vinaigriers, des 14. 23. & 27. Aoust, 27. Novembre 1714.
26. Fevrier, premier Juillet & 29. Aoust 1715. Requeste desdits Marchands Merciers du 20. Avril 1715. employée pour contredits contre la
production desdits Chapelliers cy-dessus énoncée. Requeste desdits
Houpiers, Filassiers & Marchands Merciers des 30. Janvier & 20.
Fevrier 1715. employé pour contredits salvations desdits Marchands
Merciers du 15. Juillet 1715. requeste desdits Marchands Merciers du
premier dudit mois de Juillet employée pour salvations; la requeste &
demande desdits Houpiers, Filassiers du 3. Mars 1713. à ce qu'ayant
égard à leur intervention & opposition, il fut ordonné que la liberté
de vendre en gros & en détail toutes sortes de fil & laine seroit ostée
de l'article XXVI. des Statuts des Merciers, que lesdits Houpiers,
Filassiers, seront exceptez des défenses portées par l'article XXXVI.
d'iceux, & que la qualité de Grossier seroit pareillement ostée desdits
Statuts, nonobstant les moyens proposez par les Marchands Merciers,
dont ils seront déboutez; & condamnez aux dépens; qu'acte leur fut
donné de l'employ pour écritures & productions sur ladite demande,
sur laquelle requeste auroit esté mis en droit & joint, & acte de l'em-

ploy, sommation de défendre & produire par lesdits Marchands Merciers; la requeste & demande desdits Marchands Merciers du 22. Aoust 1714. à ce qu'en leur adjugeant leurs conclusions, sans s'arrester aux demandes & oppositions desdits Vinaigriers, dont ils seront deboutez, ceux desdits Marchands Merciers qui ne détailleront point le vinaigre fussent maintenus & gardez au droit & possession d'en acheter & vendre en gros, suivant l'Arrest du 30. Decembre 1700. défenses ausdits Vinaigriers d'Abbeville de prendre la qualité de Marchand, ordonner qu'elle seroit rayée des qualitez de leur instances, avertissement, & autres procedures où elles pourroient estre condamnez aux dépens de ladite demande, & qu'acte leur fut donné de l'employ pour écritures & production sur ladite demande, sur laquelle requeste auroit esté mis en droit, & joint & acte de l'employ, sommation de défendre & produire par lesdits Vinaigriers la requeste & demande desdits Marchands Merciers du 21. Aoust 1714. signifiée le 28. en ce qu'en deboutant lesdits de Boudernel d'Amiens & le Febvre de leur demande, & les condamner en leurs noms particuliers aux dépens, ils fussent declarez non recevables dans toutes les conclusions par eux prises en qualité de Maistres Cloutiers de ladite Ville d'Abbeville, ordonner que la dénomination collective, & autres Maistres Cloutiers, Feronniers, Lormiers, qui n'estoient point dans les qualitez des Arrests de Reglement, seroient rayez des qualitez des requestes & procedures, & condamnez aux dépens de ladite demande, & qu'acte leur fut donné de l'employ pour écritures & production sur ladite demande, sur laquelle requeste auroit esté mis en droit, & joint & acte de l'employ; requeste desdits Cloutiers du 19. Aoust 1715. employée pour défenses, écritures & productions, contredits desdits Merciers à ladite requeste de production desdits Cloutiers cy-dessus du 29. Aoust 1715. La requeste desdits Morel & autres Marchands Gantiers, Pelletiers, Parfumeurs & Megissiers de ladite Ville du 30. Aoust 1714. employée pour écritures & productions, en execution de l'Arrest du 15. Juillet 1712. contenant demande, à ce qu'il fut ordonné qu'avant faire droit sur les contestations des Parties, les Maire & Echevins d'Abbeville seroient tenus de donner leur avis sur les nouveaux Statuts, estre communiqué de la part desdits Morel & Consors, pour par eux se conformer aux Marchands Pelletiers, Foureurs, Megissiers, Gantiers Parcheminiers de nostre Ville de Paris, sinon & à faute de ce faire dans ledit temps, & iceluy passé, en vertu dudit Arrest, & sans qu'il en soit besoin d'autre, que lesdits nouveaux Statuts qui auroient esté presentez par lesdits Morel & Consors ausdits Maire & Echevins le 21. Octobre 1712. & leur auroit esté signifié le 5. Novembre audit an, seroit & demeureroit homologué à nostredite Cour avec desdits Merciers, & où il se trouveroit que lesdits Maire & Echevins en satisfaisant ausdits Arrests viendroient à donner leur avis sur lesdits Statuts, ordonner qu'à compter du jour & datte qu'il seroit de-

livré, lefdits Morel & Confors auroient délay de fix mois, pour avoir temps fuffifant d'obtenir Lettres Patentes de confirmation defdits Statuts, & en demander l'homologation en noftredite Cour, & jufques à ce qu'il feroit furfis au jugement de l'inftance d'entre les Parties, & qu'acte leur fut donné de l'employ pour écritures & productions fur ladite demande, fur laquelle requefte auroit efté mis en droit & acte de l'employ. Requefte defdits Merciers du 15. Mars 1715. employée pour défenfes, écritures & productions, contredits defdits Merciers du 13. dudit mois de Mars, fervant de défenfes & d'avertiffement en execution de l'Arreft du 15. Juillet 1712. & de l'Ordonnance du 31. Aouft 1714. Requefte defdits Marchands Merciers du 15. dudit mois de Mars employée pour contredits, production nouvelle defdits Merciers par requefte du 31. Aouft 1714. & fommation de la contredire par les Vinaigriers, Cloutiers, Pelletiers, Gantiers, Megiffiers, Cordiers, Bonnetiers, Houpiers, Drapiers; la requefte defdits Marchands Merciers du 6. Septembre 1714. à ce qu'attendu l'Arreft contradictoire qui auroit débouté lefdits Blondin & autres Drapiers, Chauffetiers de ladite Ville d'Abbeville, de leur oppofition à l'enregiftrement & Lettres Patentes defdits Merciers portée par leur requefte du 17. Juin jugé par ledit Arreft, & inferée dans les qualitez d'iceluy, & fuffent declarez non recevables dans leurs conclufions par eux prifes par requefte du 27. Juillet 1712. qui eftoient les mefmes que celles qu'ils avoient prifes par la requefte du 27. Juin, & condamner aux dépens de la demande, & qu'acte leur fut donné de l'employ pour écritures & production fur ladite demande, fur laquelle requefte auroit efté mis en droit, & joint acte de l'employ; fommation de défendre & produire par lefdits Blondin & autres Chauffetiers; la requefte & demande des Drapiers du premier Decembre 1714. à ce qu'en leur ajugeant les conclufions, il fut ordonné que l'énonciation de l'Arreft de noftredite Cour du 18. Juin 1712. en vertu duquel lefdits particuliers fe qualifioient Drapiers, Chauffetiers, & difoient avoir fait leur production, feroit rayé des qualitez de leur avertiffement, & inventaire de production, comme n'ayant ledit Arreft prononcé avec eux aucun appointement, comme auffi lefdits Drapiers, Chauffetiers fuffent declarez non recevables dans leur demande qu'ils prétendoient avoir faite en noms collectifs, & condamnez aux dépens de ladite demande, & qu'acte leur fut donné de l'employ pour écritures & productions fur ladite demande, fur laquelle requefte auroit efté mis en droit, & joint acte de l'employ, fommation de défendre & produire par les Drapiers, requefte defdits Papillon & autres Bonnetiers du 17. Decembre 1714. employée pour écritures & production en execution de l'Arreft du 15. Mars 1712. contenant demande à ce qu'avant faire droit fur les demandes & conteftations d'entre les Parties, les Maire & Echevins d'Abbeville feront tenus dans quinzaine, du jour de la fignification, qui feroit faite de l'Arreft qui interviendra de donner leur avis fur
les

les nouveaux Statuts qui leurs auroient esté communiquez de la part desdits Papillon & autres Marchands Bonnetiers, pour par eux se conformer aux Marchands Bonnetiers de ladite Ville de Paris, sinon.& à faute de ce faire dans ledit temps, & iceluy passé, en vertu dudit Arrest, & sans qu'il en soit besoin d'autre, que les nouveaux Statuts qui auroient esté presentez aux Maire & Echevins par lesdits Papillon & Consors ledit jour 27. Octobre 1712. & leur auroit esté signifié le 5. Novembre audit an 1712. seroit & demeureroit homologué en nôtre Cour avec lesdits Merciers, & où il se trouveroit que lesdits Maire & Echevins viendroient à donner leur avis sur lesdits nouveaux Statuts, ordonner que lesdits Papillon & Consors auroient delays de six mois, à compter du jour & datte qu'il seroit délivré, pour avoir temps suffisant d'obtenir des Lettres patentes de confirmation desdits Statuts, & en demander ensuite l'homologation en la Cour, & que jusques à ce, qu'il seroit sursis au jugement de ladite instance, & qu'acte leur fut donné de l'employ pour écritures & production sur ladite demande, sur laquelle requeste auroit esté mis en droit, & joint & acte de l'employ ; requeste desdits Merciers du 8. Avril 1715. employée pour écritures & productions, contredits desdits marchands Merciers du 7. dudit mois de Mars, servant de défenses & d'avertissement; requeste desdits marchands Merciers du 8. dudit mois de Mars, l'acte d'opposition formé au Greffe de la Cour le 18. Juillet 1714. par lesdits marchands Merciers, à l'enregistrement des Statuts & Lettres patentes obtenuës par lesdits marchands Drapiers, Chaussetiers de ladite Ville d'Abbeville ; requeste desdits marchands Drapiers du 16. Janvier 1715. à ce qu'il fut ordonné que lesdits marchands Merciers seroient tenus de venir conclure sur leur opposition, ce faisant, sans s'arrester à ladite opposition, de laquelle ils seroient deboutez, ordonner que lesdites Lettres patentes obtenuës par lesdits Drapiers & Chaussetiers du Roy au mois de Mars 1714. portant confirmation de leurs Statuts, seroient enregistrées au Greffe de la Cour, pour icelles, & lesdites Patentes estre suivies & executées suivant leur forme & teneur, conformément à l'avis desdits Maire & Echevins de ladite Ville d'Abbeville, & du Substitut du Procureur General de ladite Ville, & les opposans condamnez aux dépens. La requeste & demande desdits marchands Merciers du 18. dudit mois de Janvier 1715. à ce qu'en prononçant sur l'opposition par eux formée à l'enregistrement des prétendus Statuts, obtenus par lesdits Drapiers d'Abbeville par ledit acte dudit jour 18. Juillet, faisant droit sur icelles, sans s'arrester à ladite requeste desdits Drapiers du 16. dudit mois de Janvier, dont ils seront deboutez, les conclusions qu'ils auroient prises contre lesdits Drapiers, Chaussetiers sur l'enregistrement de leurs Lettres patentes leurs fussent ajugées, ce faisant, que lesdits Merciers fussent maintenus & gardez en qualité de marchand Grossier, dont ils estoient en possession, & qui leur estoit confirmée par leurs Statuts & Lettres Patentes, en consequence ordonner

E

qu'il feroit ajoûté à l'article XI. defdits Statuts des Drapiers, Chauffetiers, que lefdits Drapiers ne pourroient vendre, ny particulierement
acheter des marchandifes refervées aufdits Merciers par Arreft de
1616. & 1675. ny les empefcher de vendre en gros ce qui auroit
efté particulierement attribué aufdits Drapiers, que l'article XII. feroit
rayé comme inutile, ou qu'il y feroit ajoûté que lefdits Merciers auroient la mefme liberté, que l'article XIII. n'auroit point de lieu à
l'égard defdits Merciers, & qu'ils en feroient exceptez, que dans l'article XV. lefdits Merciers feroient ajoûtez au lieu & place des prétendus marchands de Bouracan qui en feroient oftez, & qu'enfin l'article XX. & dernier defdits Statuts feroient entierement rayez, fauf
aufdits Drapiers à acheter & vendre en gros leurs marchandifes feulement qui les concernent, au furplus ordonné que les Statuts &
Patentes defdits Merciers feroient executez fuivant leur forme & teneur, & lefdits Drapiers condamnez en tous les dépens, fauf aufdits
Merciers, à autres moyens d'oppofition, Arreft d'appointé en droit
du 22. Janvier 1715. production defdits marchands Drapiers; requefte
defdits Merciers du 12. Fevrier 1715. employée pour écritures & production, avertiffement defdits Drapiers du 7. Mars audit an fervant
de contredits; requefte defdits Merciers du premier Juillet audit an,
employée pour contredits; requefte defdits Houpiers, Filaffiers du 30.
Janvier 1715. employée pour falvations, & à ce qu'en leur ajugeant les
conclufions prifes en l'inftance, touchant leur premier & fecond chef
d'oppofition, en ce qui touche le troifiéme chef, acte leur fut donné de
ce qu'ils n'infiftoient dans la qualité de Groffier prife par lefdits Merciers, à la charge que lefdits Houpiers, Filaffiers auroient la liberté,
comme ils l'avoient toûjours eu, & doivent avoir de faire venir des
pays étrangers & du dedans du Royaume les laines dont ils auroient
befoin pour leurs fabriques & profeffions, & lefdits Merciers condamnez aux dépens, fur laquelle requefte auroit efté mis ait acte, & au
furplus en jugeant, additions de contredits du 10. May 1715. fervant
de reponfes; requefte defdits Houpiers du 17. Juillet audit an, employée
pour reponfes; la requefte & demande des Merciers du 15. May 1715. à ce
qu'acte leur fut donné de la declaration faite par lefdits Houpiers,
Filaffiers par leur requefte du 30. Janvier 1715. de ce qu'ils n'infiftoient
pas dans la radiation de Groffiers prifes par lefdits Merciers, & qu'acte
leur fut donné de l'employ pour écritures & productions fur ladite demande, fur laquelle auroit efté mis fur la demande en droit & joint
& acte de l'employ; la requefte & demande defdits Legris & autres
marchands Lingers de ladite Ville d'Abbeville du 17. Juillet 1715. à ce
qu'il leur fut donné acte de ce qu'ils fe defiftoient & departoient de
l'oppofition par eux formée à l'enregiftrement des Statuts & Patentes des marchands Merciers, & des conclufions par eux prifes contre
eux, en confequence ordonner que les actes des 9. Septembre 1713. &
15. Janvier 1714. Arreft de noftre Confeil d'Eftat du 8. May enfuivant,

enfemble procez verbal en forme de déliberation du 30. Aouft 1714.
feroient fuivis, executez dans tous leurs contenus, fuivant leur forme &
teneur, ce faifant, ordonner que lefdits Legris & Confors demeureroient aggregez, unis, & incorporez aux corps defdits marchands Merciers, pour joüir des mefmes droits & prerogatives que les autres
Maiftres, fans qu'ils foient tenus de fe faire recevoir, prefter ferment,
ny fans qu'ils foient tenus de prendre aucune Lettre de maiftrife,
attendu ladite union & incorporation; fur laquelle requefte a efté mis
en droit, & joint & acte de l'employ; requefte defdits Lingers & autres
marchands de toile du 18. dudit mois de Juillet employée pour écritures & productions; requefte defdits marchands Merciers du 19. dudit
mois de Juillet employée pour défenfes, écritures & productions, & à
ce qu'acte leur fut donné de ce qu'ils adherent aux conclufions prifes
par la requefte defdits Legris & autres marchands Lingers, en confequence du confentement defdits marchands Merciers, il fut ordonné
que lefdits actes du 9. Septembre & 15. Janvier 1713. & 15. Janvier
1714. & l'Arreft du Confeil d'Eftat du 8. enfemble le Procez verbal
en forme de deliberation du 30. Aouft audit an, feroient executez
felon leur forme & teneur; ce faifant, que lefdits Legris & autres, feroient & demeureroient incorporez aux corps defdits marchands Merciers pour joüir des mefmes droits & prerogatives, fur laquelle requefte auroit efté mis, ait acte, & au furplus en jugeant; la requefte
& demande dudit Senault du 22. Juillet 1714. à ce qu'ils fuffent reçûs
oppofans à l'enregiftrement des Statuts & Lettres patentes defdits
Merciers détailleurs, & y faifant droit, il fut ordonné que la qualité
de Groffier & marchand en gros, que lefdits Merciers s'eftoient donnez par lefdits Statuts en demeuroit oftée & fupprimée que la liberté
indefinie que lefdits Merciers s'eftoient donnez par l'article XXVI. de
leurs prétendus Statuts de vendre en gros & en détail du vinaigre, &
autres denrées, en feroit oftée pareillement, que l'article XXIII. des
anciens Statuts des Merciers détailleurs feroit executé, & que ledit
Senault en fa qualité de marchand Bourgeois d'Abbeville feroit main-
tenu dans le droit & poffeffion où il eft de vendre dans fon ma-
gazin toutes fortes de marchandifes à la livre, fuivant & conformément audit article XXIII. des anciens Statuts defdits Merciers,
lefdits Merciers détailleurs condamnez aux dépens, fauf audit Senault, aprés qu'il auroit eu communication de l'inftance à prendre
telles autres conclufions qu'il aviferoit. Arreft du 24. Juillet 1715.
par lequel ledit Senault auroit efté reçû partie intervenante, &
pour faire droit fur l'intervention, les parties appointées en droit, &
joint. Sommation de produire & contredire; requefte des Merciers, du 7.
Aouft 1715. employée pour défenfes, écritures & production en execution
de l'Arreft du 24. Juillet audit an, & à ce que fans s'arrefter à la requefte, où en tout cas il feroit declaré mal fondé; défenfes fuffent faites
audit Senault de prendre à l'avenir la qualité de marchand d'Abbeville, &

pour l'avoir fait, condamné en tels dommages & interests qu'il plairoit à la Cour, & en outre condamné aux dépens ; sur la requeste auroit esté mis, ait acte, & au surplus en jugeant. Requeste d'intervention desdits Gorgibus & consors, du 24. Juillet 1715. à ce qu'ils fussent reçûs opposans à l'enregistrement des marchands Merciers, Lettres patentes obtenuës sur iceux en consequence, ordonné que la qualité attribuée ausdits Merciers par l'article XXVI. de leurs Statuts, de vendre, acheter, troquer, échanger, étaller toutes sortes d'armes, avec défenses à eux d'en vendre ni acheter aucunes, non plus même des pieces & ouvrages desdits Gorgibus & consors, & dont elles estoient composées, sans s'arrester aux défenses portées par l'article XXXVI. desdits Statuts, & qu'elles en seroient levées & pareillement ostées ; lesdits Gorgibus & consors seroient maintenus & gardez dans leur droit de vendre où ils estoient seuls, en consequence de leurs Statuts dans ladite Ville, privativement ausdits Merciers & tous autres, toutes sortes d'armes, pieces & ouvrages de leur profession, fabriquées par eux-mesmes, leurs serviteurs & domestiques, & venant d'ailleurs, nonobstant les moyens des Merciers, & condamnez aux dépens. Arrest d'appointé en droit, & joint, du 9. Septembre 1715. Requeste desdits marchands Merciers, du 17. dudit mois 1715. employée pour écritures & production, sommation de produire & contredire par lesdits Gorgibus & consors. Requeste desdits Mellier, & autres Chapeliers de ladite Ville, dudit mois 1715. employée pour écritures & production en execution de la requeste du 15. Juillet 1712. contenant demande à ce qu'avant faire droit sur les contestations des parties, lesdits Maire & Echevins seroient tenus dans tel temps qu'il plairoit à nostredite Cour ordonner, de donner leurs avis sur les nouveaux Statuts qui leur avoient esté presentez de la part desdits Mellier & consors, pour par eux se conformer aux marchands maistres Chapeliers de Paris, sinon & à faute de ce faire dans ledit temps, & iceluy passé, en vertu de l'Arrest qui interviendroit, & sans qu'il en fût besoin d'autre, que lesdits nouveaux Statuts seroient & demeureroient homologuez en nostre Cour avec lesdits Merciers, en tout cas il fut ordonné que delay de six mois leur seroit accordé, pour par eux obtenir des Lettres patentes & de confirmation desdits Statuts, & en demander ensuite l'homologation en nostredite Cour, & jusques à ce qu'il sera sursis au Jugement de l'Instance, & les Merciers condamnez aux dépens. Arrest d'appointé en droit, & joint, du 12. Aoust 1715. Avertissement desdits marchands Merciers du 28. dudit mois d'Aoust, servant de défenses. Autre Requeste des Merciers, employée pour contredits suivant l'Ordonnance du premier Decembre 1714. du premier Janvier 1717. Salvations desdits Merciers, du 16. Mars 1716. aux contredits desdits Cloustiers Ferronniers, du 29. Aoust 1715. cy-dessus énoncez. Requeste des Merciers, du 29. Septembre audit an. Sommation de contredire par les Chapeliers. Requeste des Cloustiers, du 3. Septembre 1715. à ce qu'en leur adjugeant leurs conclusions, acte

leur

leur fût donné des offres qu'ils faifoient de vendre, livrer & fournir aux Merciers détailleurs toutes fortes de cloux & autres ouvrages de leur métier, en quantité fuffifante, en forte que les Merciers détailleurs n'en puiffent manquer pour fournir à tous debits, & ce à un prix raifonnable, tel qu'il feroit reglé par les Officiers de Police de ladite Ville ; & eu égard aux matieres de fer & de charbon, & les Merciers condamnez aux dépens ; fur laquelle Requefte auroit efté refervé à faire droit en jugeant. Requefte des Merciers, du 9. Septembre, employée pour deffenfes. Requefte des Merciers, du 20. Avril 1713. employée pour contredits contre la production defdits Chapeliers, du 17. dudit mois 1715. cy-deffus énoncée. Sommation generale de fatisfaire à tous les reglemens de l'Inftance, fuivant iceux fournir leurs caufes & moyens d'oppofition & intervention. Arreft interlocutoire du 18. Decembre 1715. fur le tout intervenu, par lequel avant faire droit auroit efté ordonné que l'Inftance feroit communiquée aux Maire & Echevins d'Abbeville, & au Subftitut de Monfieur le Procureur General, pour donner leur avis, pour ce fait rapporté & communiqué au Procureur General du Roy, & eftre ordonné ce qu'il appartiendra, dépens refervez. Autre Arreft du 19. Decembre 1715. par lequel auroit efté ordonné que l'inftance en l'eftat qu'elle eftoit, feroit mife au Greffe de dépoft par le Clerc du Confeiller Rapporteur, pour par le Greffier du dépoft en charger le Meffager d'Abbeville, & l'envoyer au Greffe des Maire & Echevins de ladite Ville, pour eftre en execution dudit Arreft interlocutoire du 18. Septembre 1715. communiqué aufdits Maire & Echevins de ladite ville d'Abbeville, & au Subftitut du Procureur du Roy, pour ce fait ladite Inftance renvoyée au Greffe de la Cour, & mife és mains du Confeiller Rapporteur. Avis donné par lefdits Maire & Echevins & Subftitut, le 27. Janvier 1716. en confequence de l'Arreft du 17. Septembre 1715. Requefte defdits Ribaucourt & confors, du 23. Avril 1716. employée pour écritures & production, contenant demande à ce qu'acte leur fût donné de ce qu'ils n'empêfchoient l'execution des Statuts des Merciers, en fe conformant neanmoins à l'ufage de Paris, & au nombre des Maiftres qui doivent faire le commerce de Joüaillerie, & les conteftans condamnez aux dépens ; acte leur fût donné de l'employ pour écritures & production fur ladite demande, fur laquelle requefte auroit efté mis en droit & joint, & acte de l'employ. Requefte des marchands Merciers, du 20. May 1716. employée pour contredits. Sommation de deffendre & produire par les Merciers. Requefte defdits Regnier & confors, du 12. May 1716. employée pour fatisfaire aux Arrefts & Reglemens de l'Inftance, contenant demande à ce que les Merciers fuffent tenus de fe conformer à l'article LXXXVI. des Statuts & Reglemens generaux des Manufactures de France, concernant les Teinturiers, de même auffi que lefdits Regnier & confors auroient toûjours efté accoûtumez de faire à leur égard, & lefdits Merciers condamnez aux dépens, & qu'acte leur fut donné de l'employ pour

F

écritures & production fur ladite demande , fur laquelle Requeſte auroit
eſté mis en droit & joint, & acte de l'employ. Requeſte des Merciers,
du 20. dudit mois de May. Sommation de produire par les Merciers , la
requeſte des Merciers du 13. May 1716. à ce qu'acte leur fut donné de la
declaration faite par ledit Senault, par acte du 18. dudit mois de May, fignifié de ſa part, qu'il n'inſiſtoit plus en ſon intervention portée par ſa requeſte du 22. Juillet 1715. ni à ſa demande en oppoſition auſſi y portée, deſquelles en tant que beſoin il ſe deſiſtoit, en conſequence ledit Senault fut
debouté de ladite requeſte d'intervention du 22. Juillet 1715. demande &
oppoſition y portée , & en outre deffenſes à luy fuſſent faites de prendre à
l'avenir la qualité de marchand d'Abbeville, & pour l'avoir fait, il fût condamné en tels dommages, intereſts qu'il plairoit à la Cour arbitrer , & en
outre en tous les dépens, & qu'acte leur fût donné de l'employ pour écritures & production ſur ladite demande, ſur laquelle requeſte auroit eſté
mis en droit & joint, & acte de l'employ. Sommation de défendre & produire par ledit Senault. Requeſte des Merciers du 18. May 1716. employé pour contredits; défenſes , écritures & production en execution de l'ordonnance, appoſée au bas de la requeſte deſdits Ribaucourt & Conſors du 23. Avril audit an, contenant demande à ce qu'acte
leur fut donné de la declaration portée par ladite requeſte , que leſdits Ribaucourt & Conſors , n'empêchent l'execution des Statuts deſdits Merciers , comme auſſi des offres & conſentement donnez de la
part deſdits Marchands Merciers à ce qu'il fut fixé par la Cour telle
nombre d'entr'eux qu'il luy plaira pour faire le Commerce de Jouaillerie & de ce qu'ils entendent ſe conformer à ce ſujet entierement à
l'uſage de Paris, en conſequence leſdits Ribaucourt & Conſors fuſſent
deboutez purement & ſimplement de l'oppoſition par eux formée à
l'enregiſtrement des Lettres patentes deſdits Marchands Merciers ,
& leſdits Ribaucourt, & Conſors condamné en tous les dépens, meſme
en ceux de la demande , & qu'acte leur fut donné de l'employ pour
écritures & production ſur ladite demande auroit eſté mis ait acte de
l'employ; requeſte deſdits Ribaucourt & Conſors du 23. Juin 1716.
employée pour reponſes & contredits ; requeſte deſdits Marchands
Merciers du 2. Juillet audit an, employée pour ſalvations & reponſes,
ſommation de défendre, & produire par leſdits Ribaucourt & Conſors, requeſte deſdits Merciers du 18. May 1716. employée pour contredits, défenſes & productions , & en execution de l'ordonnance appoſée au bas de la requeſte deſdits Reignier & Conſors du 12. dudit
mois de May, contenans les concluſions à ce qu'acte leur fut donné
de la declaration qu'ils faiſoient, qu'ils entendoient ſe conformer entierement & ainſi qu'ils avoient toûjours faits aux reglemens generaux des Manufactures de 1669. ce faiſant leur adjuger leurs concluſions, leſdits Reignier & Conſors fuſſent condamnez en tous les dépens, ſur laquelle requeſte auroit eſté mis ait acte , & au ſurplus en
jugeant la requeſte & demande deſdits Feronniers & Lormiers du 29.

Juillet 1716. à ce qu'en confequence de l'accord fait entre les parties par écrits doubles qu'ils avoient paffez pour éviter la multiplicité des procedures faites, & difcuffion fur l'oppofition defdits Cloûtiers à l'enregiftrement des Lettres patentes obtenuës par lefdits Marchands Merciers, fans s'arrefter à l'avis defdits Maire & Echevins en ce qui concerne lefdits Cloûtiers, n'ayant aucunement égard à leur oppofition à l'enregiftrement defdits Statuts & Lettres patentes, acte leur fut donné de ce qu'ils les reftraignent dans les termes & aux conditions, & ftipulations portées audit accord qui feroit executé felon fa forme & teneur, & en confequence en ordonner l'enregiftrement pour eftre executez felon leur forme & teneur, il fut ordonné qui le fut, à la charge & conditions portées audit accord, que lefdits Marchands Cloûftiers, Feronniers, Lormiers continuëront de vendre & débiter dans leurs maifons & boutiques audit Abbeville, les cloux & ouvrages de leurs façons, & de plus toutes fortes de cloux depuis les plus petits, appellez femences jufques & compris les cloux de tillards & eftrangers autres que de leurs façons, & de toutes fortes de ferailles vieilles, & nonobftant les Articles des Statuts exclufifs & prohibitifs qui n'auroient aucuns effets pour leur regard, tant en ce qui concerne lefdits Cloûtiers & Lormiers, que les Gardes des Marchands Merciers, & ceux des Cloûtiers feront concurramment la vifite des cloux eftrangers & Marchands forains qui arriveront audit Abbeville, & qu'acte leur fut donné de l'employ pour écritures & production fur la demande, fur laquelle requefte auroit efté mis fur la demande en droit, & joint & acte de l'employ; production nouvelle des Marchands Merciers par requefte du 31. Juillet 1716. employée pour défenfes, écritures, production, contredits, contenant leurs conclufions, à ce qu'acte leur fut donné de ce qu'ils adheroient à celles prifes par lefdits Cloûtiers, par leur requefte du 29. dudit mois de Juillet en ce qu'il eftoit conforme à l'écrit fait entr'eux, qu'ils entendoient executer de point en point felon fa forme & teneur, & lefdits Cloûftiers condamné aux dépens, fur laquelle requefte auroit efté refervé à faire droit, en jugeant, fommation de contredire par lefdits Cloûtiers, production nouvelle defdits Legris & Confors, par requefte du 31. Juillet 1716. fommation de la contredire par lefdits Marchands Merciers, production nouvelle defdits Morelle & Confors, requefte du 17. Aouft 1715. defdits Merciers du 19. dudit mois d'Aouft employée pour contredits, requefte defdits Marchands Merciers du 21. Decembre 1716. en ce qu'en leur adjugeant leurs conclufions; lefdits Maiftres Vinaigriers, Orphevres, Bonnetiers, Bas-deftamiers, Drapiers, Chauffetiers, Pelletiers, Gantiers, Teinturiers, Chaudronniers, Fondeurs, Houpiers, Chapeliers & tous autres compris & démommez en l'inftance, fuffent condammez aux dépens, mefme en ceux refervez par les Arrefts de 18. Juin, 15. Juillet, 8. Aouft 1716. & 17. Septembre 1715. & en ceux de la demande, fur laquelle requefte auroit efté reservé à faire droit en jugeant : requeste desdits Marchands Drapiers du 5. Janvier 1717. employée pour défenses , à ce que sans s'arrester à la demande desdits Merciers , du 31. Novembre 1716. dont ils seront déboutez avec dépens ; ils fussent condamnez en tous les dépens mesme en ceux reservez , par l'Arrest du 18. Septembre 1715. sur laquelle requeste auroit esté mis ait acte , & au surplus en jugeant , requeste desdits Marchands Merciers du 9. Janvier 1717. employée pour contredits ; requeste desdits Gorgibus & Consors du 12. Janvier 1717. à ce qu'en leur adjugeant leurs conclusions avec dépens , lesdits Marchands Merciers fussent condamnez en tous les dépens , mesme en ceux reservez par l'Arrest du 9. Septembre 1715. sur laquelle requeste auroit esté reservé à faire droit en jugeant , requeste desdits Merciers du 14. Janvier 1717. employée pour contredits contre la production desdits Gorgibus & Consors en execution de l'Arrest du 9. Septembre 1715. défenses à la demande portée par leur requeste du 12. Janvier 1715. contenant leurs conclusions , à ce que sans s'arrester à la demande desdits Gorgibus & Consors , dont ils seront déboutez , ils fussent condamnez en tous les dépens , mesme en ceux reservez par l'Arrest du 9. Septembre 1715. comme ayans donnez lieu à iceux par leurs mauvaises contestations , sur laquelle requeste auroit esté mis ait acte , & au surplus en jugeant ; la requeste & demande desdits Papillon & Consors , du 3. Fevrier 1717. à ce qu'acte leur fut donné de mesme , & ainsi qu'aux Pelletiers, Foureurs , Megissiers & Chapeliers de ce qu'ils concluoient à ce qu'avant faire droit sur la demande en homologation des Merciers, ils seroient tenus de declarer chacun à leur particulier quelles marchandises ils pretendoient , afin que comme à Paris, puisqu'ils disoient vouloir s'y conformer , ceux qui venderoient des serges, du linge, les boutons , du fil, du cotton, ne puissent vendre en gros & en détail, ce qui estoit du negoce desdits Bonnetiers, Bas-destamiers, comme aussi avant faire droit, il fut ordonné que les nouveaux Statuts , que lesdits Bonnetiers avoient dressez conformement à ceux des Marchands Bonnetiers de Paris, seroient communiquez aux Officiers du Siege Presidial d'Abbeville, comme Juges superieurs de Police des Maire & Eschevins de ladite Ville , pour sur iceux donner leur avis, que lesdits Bonnetiers pussent obtenir des Lettres de confirmation desdits nouveaux Statuts, à l'effet dequoy il leur seroit accordé un temps & delay suffisant, tel au moins que celuy d'un an, à compter du jour que ledit avis par écrit leur seroit delivré pour pouvoir par eux parvenir à l'obtention desdites Lettres de confirmation , & qu'acte leur fut donné de l'employ pour écritures & productions sur ladite demande, sur laquelle requeste auroit esté mis sur la demande en droit & joint , & acte de l'employ ; requeste desdits Merciers du 5. Fevrier 1717. employée pour défenses , écritures & productions ; requeste desdits Papillon & Consors du 6. Fevrier employée pour repliques ; requeste des Merciers du 11. Fevrier, employée

pour

pour contredits ,requeste desdits Papillon & Confors du 2. Fevrier employez pour réponses ; requeste & demande desdits Morel & Confors, Mellier & Confors du 4. Fevrier 1717. & ce qu'avant faire droit fur la demande en homologation desdits Merciers ; il fut ordonné qu'ils feroient tenus de declarer chacun en leur particulier quelles Marchandifes de Merceries, ils prétendoient vendre en gros & en détail, ce qui eftoit du commerce & du negoce desdits Pelletiers, Gantiers, Parfumeurs, Megiffiers & Chapelliers, comme auffi il fut ordonné avant faire droit, que les nouveaux Statuts qu'ils avoient dreffez conformément à ceux des Pelletiers, Foureurs & Megiffiers, & aux Chapelliers de Paris, feroient communiquez aux Officiers du Siege Prefidial d'Abbeville, comme Juges fuperieurs de Police des Maire & Echevins de ladite Ville, pour fur iceux donner leur avis, à l'effet qu'ils puffent obtenir des Lettres de confirmation desdits nouveaux Statuts, à l'effet de quoy il leur feroit accordé un délay fuffifant , tel au moins que celuy d'un an, à compter du jour que ledit avis par écrit leur feroit delivré, pour pouvoir par eux parvenir à l'obtention desdites Lettres de confirmation, & qu'acte leur fut donné de l'employ pour écritures & production fur ladite demande , fur laquelle requeste auroit efté mis fur la demande en droit , & joint & acte de leur employ. Requeste desdits marchands Merciers du 6. Fevrier 1717. employée pour défenfes, écritures & productions ; requeste desdits Morel & Confors, Mellier & Confors du 11. Fevrier employée pour repliques, contredits. Requeste des Merciers du 11. & 15. Fevrier employée pour contredits , reponfes & falvations, fommation generale de fatisfaire à tous les reglemens de l'inftance par toutes les Parties, & fuivant iceux , écrire, produire & contredire, fournir de contredits contre les productions nouvelles, mefme les uns à l'encontre des autres : Conclufions de noftre Procureur General , tout joint & confideré. NOSTREDITE COUR faifant droit fur le tout, en tant que touche les oppofitions & demandes refpectives desdits Blondin, & autres Drapiers, & defdits Merciers, ordonne que les Arrefts des 16. Janvier 1616. & 4. Septembre 1675. feront executez, & conformément à iceux que lefdits marchands Merciers pourront vendre tant en gros qu'en détail toutes marchandifes compofées de fil fec, privativement aufdits Drapiers , & lefdits Drapiers vendre privativement aufdits marchands Merciers toutes fortes de marchandifes compofées de fil gras , & les uns & les autres vendre concurramment toutes marchandifes compofées de fil gras & fec, tant en gros qu'en détail ; & au furplus fera l'Article XXVI. des Statuts defdits marchands Merciers executé ; en confequence permet aufdits marchands Merciers de vendre tant en gros qu'en détail toutes les marchandifes comprifes audit Article XXVI. fait deffenfes aufdits marchands Drapiers de vendre en gros autres marchandifes que celles cy-deffus expliquées, fur les oppofitions & demandes refpectives defdits Nicolas Papillon, & autres Bonnetiers, Bas d'eftamiers ; Phi-

lippes Meſlier, Charles Lemaiſtre, & autres Chapeliers; Mathieu Morel, Charles Legris, & autres Pelletiers, Foureurs, Gantiers, Megiſ-
fiers, & deſdits marchands Merciers; ordonne que l'Article XXVI.
des Statuts deſdits marchands Merciers ſera executé tant pour le gros
que pour le détail aux termes portez par les Arreſts & Reglemens de
la Cour, rendus entre les Merciers & les Pelletiers de Paris, & nota-
ment par celuy du 16. Janvier 1699. & autres rendus en conſequence;
& neanmoins pourront leſdits Pelletiers, Foureurs, Gantiers, Megiſ-
fiers, Bonnetiers, Bas d'eſtamiers & Chapeliers, vendre ſeuls & privativement auſdits Merciers, tant en gros qu'en détail, les marchandiſes qu'ils avoient faites & fabriquées par eux, leurs ſerviteurs & domeſtiques, ſans qu'ils puiſſent empêcher leſdits marchands Merciers
de faire venir & tirer du dedans & du dehors du Royaume celles qu'ils
jugeront à propos, ſauf auſdits Pelletiers, Foureurs, Gantiers, Megiſ-
fiers, Bonnetiers, Bas d'eſtamiers & Chapeliers, à ſe pourvoir parde-
vers le Roy pour obtenir des Lettres patentes, s'il plaiſt audit Seigneur
Roy leur en accorder, aprés l'enregiſtrement deſquelles ils pourront
faire venir & tirer du dedans & du dehors du Royaume toutes les marchandiſes qu'ils jugeront à propos concernant leur profeſſion ſeulement.
Sur les oppoſitions & demandes reſpectives deſdits Vinaigriers & marchands Merciers, a donné acte auſdits marchands Merciers de la declaration dudit Senault, portée par acte du 8. May 1716. & en conſequence
ſans s'arreſter à l'intervention dudit Senault, ordonne que la Sentence
du 17. Juin 1697. & Arreſt confirmatif du 20. Decembre 1700. ſeront
executez, & conformément à iceux qu'aucun deſdits marchands ven-
dant vinaigre en détail ne poura faire venir & vendre en gros, ni en
avoir dans leurs maiſons plus de trente pintes meſure de Paris, faiſant
vingt pots d'Abbeville; pourront ceux deſdits Merciers qui ne vendent
point de vinaigre en faire commerce en gros, & ſera la qualité de
Marchand priſe par leſdits maiſtres Vinaigriers ſupprimez. Sur les oppoſitions & demandes reſpectives deſdits Houpiers, Filaſſiers, & deſdits marchands Merciers, ordonne que la Sentence arbitrale en forme
de Tranſaction du 18. Octobre 1707. & Arreſt d'homologation du premier Mars 1710. ſeront executez, & conformément à iceux que les laines & toiſons tant du crû du Royaume que des pays étrangers, que leſdits Merciers feront venir pour le commerce, ne ſeront plus ſujettes à
la viſite des Gardes deſdits Houpiers; que leſdits marchands Merciers
pourront faire filer leurs laines par les Payſans de la campagne, pour en
envoyer enſuite leur fil en balle & ſous cordes aux lieux où ils en font
commerce, ſans les pouvoir faire rentrer dans la ville pour les y débiter; qu'ils pourront auſſi faire filer dans la Ville au grand roüet leur laine
de Sigovie ſeulement, & faire venir des bouchons de laines façonnées
tant des pays étrangers qu'au delà, de la diſtance de dix lieuës de la
Ville, pour eſtre pareillement filées à la campagne, ou envoyées di-
rectement ſous balles ou ſous cordes aux lieux où ils en font commerce,

fans les pouvoir debiter dans ladite Ville ; que toutes fortes de perfonnes, mefme les Houpiers-Filaffiers, pourront acheter les files de laines
aux marchez établis dans ladite Ville & ailleurs, en la manière accoûtumée, fans que le commerce en puiffe eftre fait par autres que lefdits
marchands Merciers, conformément aufdites Sentences & Arrefts des
18. Octobre 1707. & premier Mars 1710. Sur les oppofitions & demandes refpectives defdits Ribaucourt, Dulot, & autres Orfévres, & defdits
marchands Merciers, du confentement defdits marchands Merciers, porté
par leur requefte du 18. May 1716. ordonne que lefdits marchands Merciers
ne pourront faire le commerce de Joüaillerie qu'au nombre de douze,
à l'effet de quoy lefdits marchands Merciers feront tenus de s'affembler
pour en élire douze d'entre eux, à commencer par les plus anciens,
qüi feuls à l'exclufion de tous autres Merciers pourront faire ledit commerce de Joüaillerie. Sur les oppofitions & demandes refpectives defdits Vauquet, Charlemagne Lefebvre, & autres Teinturiers du grand
& petit teint, & defdits marchands Merciers; ordonne que lefdits
marchands Merciers feront tenus fe conformer à l'article LXXXVI. des
Reglemens & Statuts generaux des Manufactures de France, & conformément à iceluy, pourront lefdits Marchands Maiftres Teinturiers en
foye, vendre tant en gros qu'en détail toutes fortes de foye cruë ou
teinte, fleurs, capiton, trame, & autres generalement quelconques,
de quelque nature & qualité que puiffent eftre lefdites foyes : pourront
les Teinturiers en laine vendre des laines teintes, & les Teinturiers
en fil vendre du lin, chanvre, cotton, fil à marquer, fil à fangle, re-
tort, blanc & autres couleurs dont fe fervent les Tapiffiers, & autres
marchandifes à eux permifes par Arreft, ainfi qu'ils ont fait par le paffé,
& pourront auffi avoir feuls en leurs maifons, boutiques, ouvroirs &
magazins, chaudieres & fourneaux, fcelliers à fceller, calandre, mou-
lins épars, poteaux, chevilles, preffes, & autres uftenfiles generalement quelconques neceffaires à leurs manufactures & negoces ; fait
deffenfes à toutes autres perfonnes d'en avoir. Pourront auffi lefdits
Teinturiers donner l'eau & le luftre à toutes fortes d'étoffes de foye
neuves ou vieilles, teintes ou non teintes, & joüiront lefdits Teinturiers de l'exemption du droit de haut-ban, & expoferont leurs ouvrages en leurs étalages, boutiques & magazins, fans aucun trouble
ni empêchement. Sur les oppofitions & demandes defdits Antoine
Maurice, Charles Lemaure, & autres Lingers Tapiffiers, & defdits
marchands Merciers, en confequence de l'Arreft du 20. Juillet 1716.
portant enregiftrement des Lettres patentes obtenuës par lefdits Lingers Tapiffiers, le 10. Juillet 1715. par lefquelles ils font unis & incorporez au corps defdits Merciers, a donné acte aufdits Lingers Tapiffiers du defiftement porté par leur Requefte du 17. Juillet 1715. de
l'oppofition qu'ils avoient formée à l'enregiftrement des Statuts defdits
Merciers, & en confequence fur l'oppofition & demandes defdits Lin-
gers-Tapiffiers, & fur celles contre eux formées par lefdits marchands

Merciers, a mis les Parties hors de Cour. Sur les opposition & demandes de Jacques Boudernelle, & autres Clouſtiers, & deſdits marchands Merciers, donne acte auſdits Clouſtiers de la reſtriction faite par leur requeſte du 29. Juillet 1716. de l'oppoſition qu'ils avoient formée à l'enregiſtrement des Statuts deſdits Merciers, & en conſequence du conſentement deſdits marchands Merciers, portée par leur requeſte du trente-un dudit mois de Juillet ; permet auſdits Boudernelle & autres Clouſtiers de continuer de vendre & debiter dans leurs maiſons & boutiques les cloux & ouvrages de leur façon, & toutes ſortes de cloux depuis les plus petits appellez ſemences, juſques & compris ceux de Tillard, tant eſtrangers que de leur façon, & toutes ſortes de ferailles vieilles, nonobſtant les Statuts deſdits Merciers excluſifs & prohibitifs qui n'auront aucun effet à cet égard, en ce qui concerne leſdits Cloutiers, & pourront leſdits Gardes des Merciers, & ceux deſdits Cloutiers, faire concurramment la viſite des Cloux étrangers, des marchands Forains qui arriveront dans ladite Ville d'Abbeville, & au ſurplus, ſeront les Statuts deſdits marchands Merciers, Lettres patentes par eux obtenuës, & Arreſt d'enregiſtrement d'icelles executées, & ſera paſſé outre à l'enregiſtrement des Statuts deſdits marchands Drapiers, ſi faire ſe doit ; deboute leſdits François Regnier, Nicolas Cardon, & autres Cordiers. Philippes Siſſait, François Martin, & autres Chaudronniers Fondeurs, Jean Gorgibus, Antoine Canaple, & autres Canoniers, Arquebuſiers de leurs oppoſitions & demandes, ſur le ſurplus des demandes, fins & concluſions des Parties, les a miſes hors de Cour. Condamne leſdits Blondin, & autres Drapiers, leſdits Papillon, & autres Bonnetiers, Bas deſtamiers, Philippes Meſlier, & autres Chapelliers ; Mathieu Morel, Charles Legris, & autres Pelletiers ; Foureurs, Gantiers, Megiſſiers, leſdits François Regnier, Nicolas Cardon, & autres Cordiers ; Philippes Siffait, François Martin, & autres Chaudronniers Fondeurs, Jean Gorgibus, Antoine Canaple, & autres Canonniers, Arquebuſiers, en tous les dépens, chacun à leur égard, meſme aux reſervez, ledit Senault aux dépens fait juſqu'au jour de ſon deſiſtement, leſdits Vinaigriers en la moitié de tous les dépens, meſme en ceux reſervez, l'autre moitié, & tous autres compenſez. Si Mandons, &c.

CANTO, Procureur.

A PARIS,

Chez la Veuve de François Muguet, Premier Imprimeur du Roy, & Louis Denis de la Tour Libraire, ruë de la Harpe, aux trois Rois. 1717.